그날을 말하다

예슬 엄마 노현희

4·16구술증언록 단원고 2학년 3반 제14권

그날을 말하다

예슬 엄마 노현희

4·16기억저장소 기획 편집
(사) 4·16세월호참사가족협의회 지원 협조

4·16기억저장소에서는 세월호 참사 5주기를 맞아 구술증언 수집 사업의 결과물 일부를 100권의 책으로 발간하게 되었습니다. 이 사업은 2015년 6월부터 다양한 학문 분야 구술 연구자들의 자발적인 참여로 진행되어 왔으며, 세월호 참사를 좀 더 정확하고 다각적으로 기록하고 기억하고자 하는 노력의 일환으로 수행되었습니다.

　　2014년 참사 발생 이후, 참사 피해자들의 목격담과 경험은 안타깝게도 공식적인 국가기관과 언론의 기록 속에서 철저히 소외되거나 왜곡되었습니다. 그것은 세월호 참사가 우리에게 안긴 죽음과 고통의 충격만큼이나 우리 사회의 끔찍한 비극이었습니다. 따라서 사업을 진행하면서 세월호 참사 희생자 가족, 생존자, 생존자 가족, 어민, 잠수사, 활동가, 기자 등등, 참사의 초기 과정을 직접 경험한 분들의 증언을 우선적으로 수집했습니다. 구술자는 이 사업의 취지와 방식에 개인적으로 동의한 분 중에서 선정했으며, 참여 과정에 어떠한 금전적 보상이나 이익이 제공되지 않았습니다. 또한 구술증언 수집 사업을 진행하는 동안, 면담자는 연구자이자 참사를 겪은 공동체 시민으로서 최대한 윤리적이고자 노력했습니다.

구술자마다 매회 약 2시간씩 3회를 원칙으로 음성 녹취와 영상 촬영을 하는 방식으로 진행되었고, 증언의 일관성을 확보하기 위해 면담자는 큰 틀에서 공통 질문지를 사용했습니다. 공통 질문지의 내용은 참사와 구술자 간의 관계성에 따라 차이가 있지만, 유가족 구술의 경우 1회차 '참사 이전의 삶, 팽목항과 진도에서의 경험, 자녀에 대한 기억'을, 2회차 '참사 이후 투쟁과 공동체 활동 경험'을, 3회차 '참사 이후 개인 및 가족이 경험한 삶의 변화와 깨달음, 자녀의 현재적 의미'를 중심으로 했습니다. 이처럼 증언 내용은 참사 이전에서 시작해 참사 발생 당시의 경험과 이후의 변화 과정까지 폭넓게 수집했고, 면담자는 구술 채록 과정에서 구술자의 발화를 최대한 존중하고자 했으며, 무엇보다 각자의 특수한 경험과 다른 시각을 충실히 반영하고자 했습니다.

이 구술증언록의 발간을 위해, 채록된 음성 자료는 문서로 변환해 구술자와 함께 검토했고, 현재 시점에서 공개할 수 있는 영역과 할 수 없는 영역으로 구별했습니다. 따라서 책에 실린 내용은 모두 구술자로부터 공개를 허락받은 부분입니다. 비공개 영역은 추후 구술자의 동의를 받아 적절한 절차를 거쳐 추가로 공개될 수 있으리라 생각합니다.

이 구술증언록 100권에는 그동안 우리 사회에 왜곡되어 알려지 거나 잘 알려지지 않았던, 참사 발생 직후 팽목항과 진도 혹은 바 다에서의 초기 상황에 관한 중요한 증언이 포함되어 있습니다. 또 한, 자녀를 잃는 잔인하고 애통한 상황을 겪으면서도 그 누구보다 강인한 정치적 주체로 성장할 수밖에 없었던 유가족의 마음과 경 험을 구체적으로, 그리고 여러 각도에서 살펴볼 수 있습니다. 그 외에도, 이 구술증언록은 2014년을 전후한 한국 사회의 여러 측면 을 드러내는 귀중한 자료가 되리라고 생각합니다. 무엇보다 국내 외의 많은 분이 이 책을 읽어, 장차 세월호 참사의 진상 규명과 역 사 서술에 기여할 수 있기를 바랍니다.

구술증언 수집 사업이 진행되고, 책으로 출간되기까지 많은 분 의 도움과 지지가 있었습니다. 이 지면을 빌려 부족하나마 감사의 말씀을 전하고자 합니다.

먼저 (사)4·16세월호참사가족협의회와 4·16기억저장소에 감사 를 드립니다. 이분들의 신뢰와 적극적인 협조가 없었다면, 이 사업 은 처음부터 시작할 수조차 없었을 것입니다. 또한 어려운 정치 환 경 속에서도 사업의 취지에 공감해 재정 지원을 결정해 준 아름다 운가게와 역사문제연구소에 감사드립니다. 두 단체 덕분에, 이 사 업을 4년 동안 계속해 올 수 있었습니다. 그리고 구술증언록 100권 의 발간에 동의하고, 바쁜 일정에도 출판 실무를 기꺼이 맡아주신 한울엠플러스(주)에도 감사를 드립니다. 이 외에도 많은 개인과 단 체가 직간접적으로 많은 도움을 주시고 격려해 주셨습니다. 여기

책머리에

에 모두 밝히지 못하는 것을 죄송하게 생각합니다.

　말할 필요도 없이, 가장 크고 또 가슴 아픈 감사는 구술자 한 분 한 분께 드리고자 합니다. 이 책이 발간될 수 있었던 것은, 무엇보다 용기를 내어 아픔과 고통의 기억을 다시 떠올리고 장시간 진심으로 이야기를 해주신 구술자가 있었기 때문입니다. 오랜 시간 이야기를 나누며 함께 공감하기도 했지만, 그 아픔과 고통을 어떻게 가늠할 수 있을까 싶습니다. 더 큰 도움이 되지 못함을 안타까워하며, 이 구술증언록 100권의 발간이 피해자분들에게 조금이라도 위로가 될 수 있기를 기원합니다.

2019년 4월
4·16기억저장소 구술팀 책임자
서울대학교 인류학과 교수 이현정

차례

예슬 엄마 노현희

구술자 노현희는 단원고 2학년 3반 고 박예슬의 엄마다. 자유롭고 개방적이면서 사랑이 많았던 큰딸 예슬이는 엄마에게는 친구이자 언제나 서로 기댈 수 있는 존재였다. 의왕으로 이사를 갔다가 예슬이가 보고 싶어 다시 화랑유원지 옆으로 이사를 온 엄마는, 4·16생명안전공원이 만들어지면 산책하듯 예슬이를 찾아가 수다 떨며 사는 것이 소원이다. 엄마는 예슬이 전시회 때 찾아주시고 예슬이를 기억해 주시는 시민들을 위해, 세상일에 더 관심을 갖고 서로를 보듬는 삶을 살아가겠다고 다짐한다.

노현희의 구술 면담은 2020년 4월 9일, 10일, 2회에 걸쳐 총 5시간 동안 진행되었다. 면담자는 김익한, 촬영자는 강재성이었다.

구술자 본인의 프라이버시나 제3자의 프라이버시를 보호해야 할 부분을 제외하고는 구술자의 발화를 있는 그대로 전사했다.

1회차

2020년 4월 9일

1
시작 인사말

면담자   본 구술증언은 4·16 사건에 대한 참여자들의 경험과 기억을 기록으로 남김으로써 이후 진상 규명 및 역사 기술에 기여하고자 합니다. 지금부터 노현희 씨의 증언을 시작하겠습니다. 오늘은 2020년 4월 9일이며, 장소는 안산시 단원구 4·16기억교실 교육장입니다. 면담자는 김익한이며, 촬영자는 강재성입니다.

2
면담에 참여한 이유, 구술이 쓰였으면 하는 바

면담자   어머니, 오늘 아주 어려운 걸음 고맙습니다.

예슬 엄마   아닙니다(웃음).

면담자   오늘 이제 어머니 생애사부터 시작할 건데요. 그 앞에 우리 이 구술을 어떻게 참여하게 되셨는지, 뭐 누가 꼬셨는지(웃음) (예슬 엄마 : (웃음)) 그런 얘기를 먼저 해주시면 좋을 것 같습니다.

예슬 엄마   꼬신 거는 아니고 그 3반 도언이 어머님이 전화가 온 거예요. 그래 가지고 이제 "예슬 아빠가 했는데 예슬 엄마가 한번 했으면 하고 교수님이 연락이 오셨다"고 그래 가지고. 제가 뭐 다른 건 별로 하지 못했어도 그런 거는 당연히 또 해야 될 것 같고 그래서 흔쾌히 "네, 하겠습니다" 해서 교수님이랑 통화하고 이렇게 앉게 된 거죠.

면담자   네, 감사합니다. 이거 구술하면 이제 영상으로도 남고요, 또 책으로 출간되기도 할 텐데요. 이것이 어디에 쓰였으면 하고 생각하십니까?

예슬 엄마   저는 이 구술한 책들이 솔직히 말하면 그 저희 [4·16생명안전공원 생기면 크게 뭐 도서관이나, 누구나가 보고 한 번쯤 그게 뭐 어떤, 몇 반 아이들이, 아이들 부모님이 쓴 거 뭐 그게 아니라, 아이들이 한 번씩이라도 보고 가서, '아, 이런 일이 있고, 이렇게 힘들었고', 정말 바라는 게 '이런 일이 없었으면 좋겠고' 이렇게 한 번씩 누구나가 볼 수 있는 자리에 놓였으면 하는, 그래서 제일 좋은 거는 [생명]안전공원에 도서관이 생기면 그런 데 딱 있어서 한 번쯤 훑고 갈 수 있는, 그런 데 쓰였으면 좋겠어요.

면담자   세상 사람들이 4·16 참사에 대해서도 그렇고, 4·16 참사를 직접 겪은 유가족들의 생각이나 이런 것도 그렇고, 그걸 꼭 봐야 할 의무는 없잖아요? (예슬 엄마 : 어, 그렇죠. 꼭 봐야 될 이유는 없죠) 근데 어머니는 꼭 봤으면 하시는 거잖아요?

예슬 엄마   그게 의무가 아니라, 사람들이 즐기러도 오고 쉬러도 오고, 아니면은 또 일부러 찾아오는 분도 있을 테고, 그랬을 때 그냥 아까 제가 말씀드렸듯이 꼭 봐야 되는 게 아니라 그냥 한번 쓱 훑고 갈 수 있는…, 그러니까 한번 쓱 훑고 편하게 한 번쯤 책장을 넘기고 한, 한 페이지라도 보고 가서, 그냥 시간이 지나도 '아, 4월 16일 날 이런 일이 있었구나, 2014년도에' 그런 생각을 그냥 한 번쯤이라도 기억에 남을 수 있는 그런 책이 됐으면 그거지, 의무적으로 본다거나 이걸로 뭐 예전처럼 진상을 규명하는 데 꼭 활용이 되거나 그런 것보다는, 누구나가 그냥 '한 번쯤 편하게 보고, 마음에 한 번쯤은 생각을 해볼 수 있는 그런 용도로 쓰이고 그런 자리에 있었으면 좋겠다' 하는 생각이에요.

면담자   제가 반어법으로 말씀드린 건데(웃음). (예슬 엄마 : (웃음) 아, 네) 무슨 얘길 여쭙고 싶었던 거냐면, 그러니깐 예슬 엄마 스스로가 그 예슬이를 잃은 것이 큰 아픔이죠. (예슬 엄마 : 그렇죠) 그럼에도 불구하고 예슬이를 잃음으로써 깨달았던 것들이나 예슬이를 잃음으로써 고통을 스스로 이겨나가는 그런 과정들이 있을 텐데, 그것이, 그것을 사람들과 나누는 것의 필요하지 않을까 하는 갖지 않으셨나? 저는 사실 그게 제일 관심이 있거든요.

예슬 엄마   그게 어떤 뜻인지 아직 인지를 못 했어요. 다시 얘기를 해주시면, 나눈다는 게 어떤 의미인지….

면담자   그러니까 예슬이를 보내고 난 다음의 유가족들의 변화가 (예슬 엄마 : 아…) 이 사회에 어떻게 공유되는가가 정말 중요하다고 봐요. 참사를 기억하고 유가족들의 변화에 공감하는 것이 시민들 모두의 성찰의 출발일 수 있다고 보는 거지요. '그게 아이들이 우리에게 주고 간 무엇인가 하는 게 제 생각이라서, 구술증언이 세상 사람들에게 어떤 의미로 다가갔으면 좋겠다' 하는 것에 대한 어머님의 생각을 제가 여쭌 겁니다.

예슬 엄마   네. 아까 제가 설명을 뭐 잘하지는 못했는데, 아까 그 "누구나가 쓱 훑고 지나갔으면 좋겠다"는 말이 뭐냐면 그건 거 같아요. 저도 그렇지만 저희 아이들이 떠나고 저는 그 생각을 많이 했어요, 그 '책을 한번 편한 자리에서 편하게 보고 갔으면 좋겠다. 그러면서 한 번쯤 마음에 남았으면 좋겠다'. 이 말이 뭐냐 하면 예전에는 그걸 못 했는데, '나만 내 가족만이 아니라 세상에는 본의 아니게 아픔을 겪는 사람들이 많구나'라는 거를, 그리고 그거를 아마 저희 예슬이가 아니었으면 아마 저는 지금도 몰랐을 거예요. 그런데 지금은 가장 크게 달라진 게, 저도 아프지만, 사실 그거는 항상 아픈 거지만, 주변에 아프거나 힘들거나 소외된 사람들이 있으면 나도 모르게 이렇게 에… 눈길이 가고 마음이 가고 한 번쯤 생각을 하게 되는 그런 게 생겼어요. 그래서 저는 저희가 이렇게 부모님들이 구술한 책이 많은 사람들이 편한 마음으로 봐도, 한 번쯤은 그걸 보고 나서 마음에 뭔가가 이렇게 쿵 내려앉는, 그래서 한 번쯤은 나만을 위한 게 아니라 주변을 한번 돌아볼 수 있는, 나보다 아픈 사람들이 언제든지 있고, 나와 다른 아픔이라도 그 아픔을 함부로 얘기하지 않고, 행동으로 옮기지는 못해도 마음으로라도 감싸줄 수 있는, 그런 마음의 뭔가가 있을 수 있는, '그런 역할을 할 수 있는 책으로 있으면 좋겠다'라는 생각을 해요.

3
근황

면담자   근황도 좀 여쭈려고 하는데, 요새는 주로 뭘 하고 지내세요?

예슬 엄마   열심히 일을 해요(웃음).

면담자   어떤 일이요?

예슬 엄마   어, 제가 항상 예전부터, 결혼 초기 우리 예슬이 낳기 전부터, 낳고 나서 또 예슬이 크면서 계속했던 네일아트 일을 계속하고 있어요.

면담자   아, 그러시군요. 네일아트를 그럼 굉장히 일찍 시작하신 거네요?

예슬 엄마   네, 초창기에. 한 20년 된 것 같아요.

면담자   그때는 별로 숍이 없던 시절 아닌가요?

예슬 엄마   없었어요, 그리고 하는 사람들도 지금처럼 이렇게 보편화되지 않았었고. 하는 분들도 그때는 조금 여유가 있고 좀 그런 분들이 많이 했죠.

면담자   돈 꽤나 있어야 하는? (웃음)

예슬 엄마   네, 그리고 직업이 또 개성적인 직업이 많고, 그런 분들이 많이 했죠.

면담자   지금도 꾸준히 네일아트숍을 운영하시면서 지내고 계시는군요. 뭐 예슬 아빠랑 많이 안 싸우세요, 집에 잘 없다고?

예슬 엄마   예슬 아빠랑요? (웃으며) 늘 다퉈요. 늘 다투는데 그 다투는 거는 저 결혼해서도 언제나 토닥토닥했고, 항상. 서로 강해요. 그런데 다투면서도 지금은 뭔가 그런 거 있잖아요, 서로만이 감싸줄 수 있는, 뭔가 공통된 뭔가가 생겼다는? 근데 사는 게 그렇더라고요. 맨날 좋게 사는 부부들도 있지만 저희는 토닥토닥 다투면서, 맞춰가면서 그렇게 살아요(웃음).

면담자   네일아트 계속하시고 예슬이 동생은 외국 가 있는 걸로 알고 있고, (예슬 엄마: 네, ○○이) 그러니까 두 분밖에 없는데, 그래도 두 분이서 토닥토닥하면서 잘 견디고 계시는 거네요.

4
예슬 어머니의 생애: 예슬 출산 전까지

면담자   근황에 대해서 여쭸구요, 이제 어…, 예슬 어머니가 어떤 분이신가에 대해 이런저런 질문을 해보도록 하겠습니다. 우선 어디 태생이세요?

예슬 엄마   저요? 태어난 데, 저희 아버지 고향은 충청북도 충주인데요, 저는 서울 마포에서 태어났어요.

면담자   음…, 그러면 마포에서 학교를 쭉 다니셨나요?

예슬 엄마   아니요, 아니요. 태어나기만 거기서 태어나고 여기 의왕이라고, 경기도 의왕 거기서, 거기서 거의 제2의 고향이죠, 거기서 이제 고등학교까지 다 나왔으니까. 거기 살면서 고등학교 다 나오고 이제 대학만 이제…. 그니까 거기서 거의 살았어요. 결혼도 거기, 원래 본가는 거기고, 경기도 의왕이요.

면담자   본가라면 예슬 아버님?

예슬 엄마   아니요, 저. 제 제 집, 의왕. 계속 거기서 살았어요.

면담자   그러면 뭐랄까, 유년 시절, 초등학교 시절 때는 어떤 아이셨어요?

예슬 엄마   저요? 저는… 특별히 막 눈에 띄지도 않고 특별히 그렇다고 뭐…. 저는 크게 뭐 눈에 띄거나 뭔가를 너무 잘하거나 그런 것도 없고, 혼자 노는 것도 좋아하고 사색도 좋아하고(웃음). 그런 친구요? 상상력이 좀 많았던 친구 같아요. 상상력이 많았고, 어렸을 때 좀 그림 그리고 그러는 거 좀 좋아했고…. 그렇게 살았던 거 같아요.

면담자   고등학교 때는 어떠셨어요?

예슬 엄마   고등학교 때도 큰 변화는 없었던 거 같아요. 그냥 너무 어둡지도 않고 너무 밝지도 않고 그냥 항상 평범한….

면담자   입시지옥 시절이니까.

예슬 엄마   아, 그때는… 공부를 열심히 했죠, 잘하지는 못했어도 (웃음).

면담자   그러면 이제 진학하시고 하면서 서울로 옮기셨어요?

예슬 엄마   네, 집은 그대로 의왕이었고 학교만.

면담자   그럼 의왕에서 다니셨어요?

예슬 엄마   네, 네.

면담자　　　　그래도 거리가 되는데.

예술 엄마　　1호선이기 때문에 전철 타고 움직이고, 그때는 뭐 자취를 하거나 그런 생각은 전혀 하지도 않았고…. 또 그 자체가 또 저희 대학교 다닐 때는 여유가 많았어요, 대학만 들어가면. 그러니깐 저희는 고등학교도 시험을 봐서 붙어야지 들어가고 그랬잖아요? 고등학교도 시험을 보고 그러니깐, 중학교는 고등학교를 들어가기 위해서 입시 공부를 했고, 고등학교 돼서는 대학을 들어가기 위해서 죽어라고 입시 공부만 했고, 그리고 대학을 들어가서부터는 자유였죠. 그때는 졸업하면, 대학 나와서 졸업하면 웬만한 데는 다 취업이 됐었어요. 근데 지금은 안 그런데, 그때는 그랬거든요. 그러니까 대학을 가면 그때부터는 캠퍼스가 아주, 아주 자유로웠죠. 캠퍼스 생활을 아주 즐길 수 있는 그런 여유가 있었던 때?

면담자　　　　의왕이기 때문에 시험이 있으셨네요? 의왕이 비평준화 지역이라서. 서울이라든지 이런 대도시는 이미 다 평준화가 돼서 고등학교 때까지는 그 입시를 안 보고 들어가고.

예술 엄마　　그죠. 저희는 봤어요.

면담자　　　　중학교도 입시를 보셨어요?

예술 엄마　　중학교는 안 보고 고등학교를 가기 위해서 중학교 때부터 공부를 했어야 됐어요. 커트라인이 있어서 1지원, 2지원이 있었어요. 그래 가지고 지원을 해서 그 학교에 떨어지면, 그때는 안산이 정말 공부 못하는 (웃으며) 친구들이 오는 곳이었거든요, 안산공고, 막 이런 식으로. 근데 [지금은] 안산이 많이 틀려[달라]졌죠. 저희 때는 그랬어요.

면담자　　　그럼 이제 전공은 뭘?

예슬 엄마　　저요? 국어국문학이요(웃음).

면담자　　　아, 그러셨어요?

예슬 엄마　　네. 근데 그거는 제가 좋아서 간 게 아니었고요, 점수에 맞춰서 학교를 들어가야 됐기 때문에 어쩔 수 없이.

면담자　　　근데 어쨌든 그 시절도 의왕에서 소위 인 서울을 하셨으면 공부는 꽤 잘하셨겠네요.

예슬 엄마　　꽤는 아니고 그냥, 그냥 열심히 했죠.

면담자　　　동네에서 '아유, 예슬 엄마는 공부 잘하는 친구야' 뭐 이런 느낌?

예슬 엄마　　(웃으며) 그냥.

면담자　　　대학을 졸업하고 그다음에는 뭘 하셨습니까?

예슬 엄마　　대학교 졸업하고 이제 4학년 1학기 여름방학 때 저는 바로 선취업이 됐어요. 그때 제가 벽산그룹, 그땐 벽산그룹이 컸어요. 벽산그룹 비서실로 취업이 됐었죠. 벽산 그룹 비서실에 취업을 해서 비서 생활을 좀 했었죠. 하다가 이제 예슬 아빠를 만나게 됐죠 (웃음).

면담자　　　음, 모든 게 빠르셨네요? (예슬 엄마 : (웃음)) 취업도 빠

르시고, 결혼할 상대도 비교적 빨리 만나신 거네요?

예슬 엄마   예슬 아빠가 되게 적극적이었어요. 저는 예슬 아빠 싫었거든요? 별로 제 스타일 아니었어요. (웃으며) 그때 삐삐가 있던 시절이었는데 우연찮게 이제 제가 거래처를 가게 됐는데 거기 경비실에 앉아서 좀 시간을 기다리고 있었어요. 근데 애들 아빠도 일이 있어서 그쪽 업체를 오게 됐었고, 거기서 저를 봐서 어떻게 경비 아저씬가 누구한테 전화번호를 알았는지 어떻게 알아가지고, 그땐 삐삐가 있었잖아요, 삐삐 번호. 그래서 몇 번, 서너 번 만나자고 했는데, 바람을 맞았[췄]었죠. 별로 제 스타일이 아니었어요. 근데 너무 적극적이었어요. 그러다 보니까 결혼까지 하게 됐죠.

면담자   말하자면 예슬 아빠가 헌팅을 한 케이스네요. (예슬 엄마 : 그렇죠(웃음)) 우연히 예슬 아빠가 예슬 엄마를 발견하고 그다음에 적극적인 헌팅을 해서 결혼까지 성공시킨 대단한 남자네요.

예슬 엄마   예슬 아빠가 좀 지금 생각하면 좀 독특했어요. 그러니까 아마 그런 독특함이 우리 애들도 편했고 저도 편하고. 네, 개성이 강해요, 예슬 아빠도.

면담자   그러면은 결혼은 언제쯤 하신 거예요?

예슬 엄마   스물여섯.

면담자   그리고 결혼하시고 안산으로 오셨어요?

예슬 엄마   결혼해서 안산 왔죠.

면담자   예슬 아빠가 안산 쪽에?

예슬 엄마   네, 안산에 일이 있었어요.

면담자   예슬 아빠는 그때는 뭘 하고 있었어요?

예슬 엄마   그때는 우체국에 다니고 있었어요. 그래 가지고 안산에서 결혼생활을 시작을 했죠, 그래서 예슬이도 안산에서 낳았던 거고.

면담자   예슬 아빠 스타일에 우체국에 다녔다니 (예슬 엄마 : 그러니까요(웃음)) 뭔가 이렇게 확 어울리는 느낌이 아니에요.

예슬 엄마   아니 근데, 그러다가 예슬 아빠 그니까 이게 직업이랑 스타일이 맞아가는 게, 남들이 다 그 좋다는 그 공무원 생활을 접고 사업을 한다고 접었어요. 그러니까 예슬이 유치원 들어가기 전엔가 접고 사업을 하다가 쫄딱 망했죠(웃음). 예슬 아빠는 절대 그 우체국 직원 생활을 할 수 있는 사람이 아니었던 거예요.

면담자   그걸 아셨어요?

예슬 엄마   나중에 알았죠, 나중에.

면담자   그만두고 사업 시작할 때?

예슬 엄마   네. 그래서 그때는 또 그런 거 있잖아요, 내조라는 게, 힘을 줘야 된다고. "그래 당신이 알아서 잘 해. 선택을 잘 해서 결정해". 근데 아마 지금 같으면 절대 "그게 무슨 소리야", 이렇게 얘기를 했었을 거예요. 그때는 제가 어리석었죠.

면담자   그래도 예슬 아빠 보면 참 대단하시더라고요, 자기 스타일 굽히지 않고. 사업 망하신 이후에도 여러 가지 직업적인 편력이.

예슬 엄마   아, 너무 강해요. 생활력이 되게 강해요.

면담자   제가 구술을 했을 때는 운전을 하고 계셨거든요. 일반적으로는 예슬 아빠 스타일이나 예슬 아빠의 배경으로 보면은 쉽지 않은 직업이실 텐데, 나름 그거를 나쁘지 않게 받아들이시고 했던 거로 기억해요. 멋쟁이인 거죠, 한국 사회에서. 물론 예슬이 잃고 운전대 잡았을 때의 그 고통은 엄청났지만요. 자기중심이 명확하셨어요.

예슬 엄마   네, 독특해요. 근데 그 독특함이 지금 생각하면 그냥 나온 게 아니라 예슬 아빠도 하고 싶은 게 있고 배우고 싶은 게 있고 그런데…. 아 그런 부분을 생각하면 마음이 조금 좀 안쓰러운 게 뭐냐 하면, 예슬 아빠가 그 직업에 대해서 선을 안 갖고 그랬던 게 가정이 있기 때문에, 예슬이, ○○이가 있기 때문에 자기가 쉬면 안 된다는 그게 굉장히 강해, 강해요. 그리고 또 그 사업이 좀 실패하고 나서 그 운전을 했던 이유 중에 하나가 뭐가 있냐면, "들어가서 정직원이 되면 아이들 학비 보조가 된다" 그거 하나로 그냥 무데뽀로 들어간 거예요. 그러니깐 애들 아빠는 시골에서 자랐는데, 저희 어머님 성격이 뭐냐 하면 자식에 대한 게 굉장히 강하세요. 근데 예슬 아빠가 그게 되게 강해요. 이렇게 결혼해서 살다 보면 남편, 아내, 또 남자, 여자 이런 거다 보면 이렇게 토닥이고 좀 안 좋고 그럴 때가 있잖아요. 좋은 날만 있는 건 아닌데, 제가 지금도 정말 자신 있게 "예슬 아빠 이런 거는 좋다"라고 얘기를 하는 게, 다른 건 몰라도 자식에 대한, 가족에 대한 건 정말 끔찍해요. 그니까 예슬 아빠가 그때 운전을 하고 또 직업에 대해서 선입견을 안 갖고 그냥 무조건 뛰어들었던 건, 애들에 대한 책임감, 가족에 대한 책임감이었던 것 같아요. 자기가 '한 달을 쉬면 안 된다'는 그게⋯. 그러니깐 사업하고 돈이 없었잖아요 처음에, 제가 이제 그 네일아트를 한다 그래도. 그러니까 굉장히 그런 부분이었던 거 같아요.

면담자   오늘 어머니 이야기 듣고, 제가 예슬 아빠를 아니까, 하여튼 뭔가 멋있는 그런 느낌? 되게 좋아 보여요. (예슬 엄마 : (웃음)) 어머님은 언제까지 비서실에 다니셨어요? 결혼하고 그만두셨어요?

예슬 엄마   결혼하고⋯ 하기 전에 한 1년 정도만 다녔어요. 그리고 나서 그만두고 이제 그때 지금 따지면 저기죠, 국가 준공무원이었죠. 한국가스안전공사에 들어갔어요. 들어갔는데 저랑 안 맞더라고요, 그것도 진짜 좋은 자리였는데. 그래서 저희 아빠가 되게 많이 반대를 했죠, "그만둔다"라고 했을 때. 그때쯤에 그만두고 어떻게 어떻게 맞아서 예슬 아빠랑 바로 결혼을 한 거예요. 그러니깐 바로는 아닌데 연애 기간을 갖다가 결혼을 하고 나서 그때 생각한 게, '아. 내가⋯', 저도 일을 해야 하는 스타일이더라고요. 집에서 가정적인 성격은 아니다 보니까 일을 해야 되는데 '내가 나중에까지 할 수 있는 일이 뭘까' 생각을 하다가 '아, 미용 쪽을 한번 배워볼까' 해서 그때 시작을 한 거죠. 그래서 이제 헤어도 하고 피부 미용도 해보고 네일도 했는데, 자격증을 다 따고 조금 조금씩 일을 해봤어요. 헤어도 해보고 피부 관리도 해보고 해봤는데 저랑 너무 안 맞아요. 그런데 네일아트는 저랑 너무 잘 맞더라구요. 그래서 네일아트로 계속 그때부터는 일을 했던 거죠.

면담자   그럼 스물여섯에 결혼을 하시고 그다음에 네일아트를 시작을 하신 거네요. (예슬 엄마 : 네) 그러면 실제로 숍에서 일을 하시거나 숍을 내거나 하는 건 언제 정도부터이신가요?

예슬 엄마   숍을 낸 거는 서른 한 중반 정도였고, 어… 네일아트 일을 한 거는, 거진 제가 20년 정도 됐으니까. 지금 제가 오십이잖아요? 그러면 한 서른 정도부터 시작을 한 거네요.

5
예슬이를 키우면서의 경험

면담자   예슬이는 어머니 몇 살 때 태어났어요?

예슬 엄마   26살 결혼하고 8월 달에 태어난 것 같아요.

면담자   좀 일찍 낳으셨네요.

예슬 엄마   좀 일찍 낳았죠(웃음).

면담자   예슬이를 일찍 낳고, 한편으론 또 활동적이시기 때문에 네일아트도 배우시고 하셨네요? 아이 키우면서 힘드시지 않으셨어요?

예슬 엄마 노현희

예슬 엄마   아휴, (한숨을 쉬며) 힘들었어요. 너무 힘들었어요. 왜
냐하면 예슬 아빠가, 본가 쪽이 여유가 많거나 예슬 아빠가 많이 가
진 사람이 아니다 보니까, 같이 돈을 벌었어야 됐고…. 그래서 저는
우리 예슬이 낳기 일주일 전에, 예정일, 나와야 되는 일주일 전에 예
슬 아빠가 "아이 낳으면 어디 나가지도 못하고 그러니까 마지막으로
저녁이나 먹자" 그래서 요기 물왕리인가? 요기 저수지[시흥시 물왕저
수지]가 있어요, 카페처럼. 예전에는 거기 막 비포장이라서 돌이 엄
청 많고 그랬어요. 그래서 그날 일을 하고 저녁에 그쪽으로 저녁을
먹으러 갔는데 차가 엄청 흔들렸어요. 그리고 그날 양수가 터져서
애기, 아이를 낳게 됐어요.

　　그리고 나서 낳고 딱 한 달 몸조리하고 한 달 때부터 다시 나가
서 일을 했어요. 그러니까 예슬 아빠는, 그때 예슬 아빠는 그거였죠,
"일하지 말고 아이만 키워라". 근데 저는, 그니까 예슬 아빠는 어머
님의 그게[가정적인 면이] 많았어요. 근데 저는 저희 아빠 쪽을 많이
닮아서 "돈이 없으면 우리 예슬이, ○○이", 그땐 예슬이었으니까,
'우리 아이 하고 싶은 것도 못 하고. 우리가 빨리 자리를 잡아야 된
다'는 그 생각이 있어서 "나는 무조건 나가야 된다". 그것 때문에 맨
처음 많이 부딪쳤죠. 그래서 제 고집으로 일을 나가다 보니까 예슬
아빠가 맨 처음엔 도와주지도 않았어요. 그래서 진짜 힘들었어요.
우리 아이 예슬이 같은 경우는 딱 한 달 만에[출생 한 달 뒤부터] 계속
남의 손에서 컸죠. 시누 손에서도 크고 제 선배 언니가 좀 봐주면서
크고, 그러다 유아원에서 크고 그래서. 아휴, 그 생각하면 지금도 마
음이 아파요(웃음).

면담자   예슬이는 좀 어땠어요, 성격이요?

예슬 엄마   예슬이는 어렸을 때부터 좀 참는 거를 많이 하는 친구였어요. 뭐냐 하면 어, 애기 때부터 남의 손에서 자란 거잖아요. 엄마가 항상 바쁘고 아빠가 항상 바쁘고, 그러니까 이제 그게 어리광을 받아주고 이러는 게, 어렸을 때 엄마가 옆에 있고 그러면 그것도 받아주고 그러는데 항상, 선생님들이 항상 옆에 있었으니까, 아이가 좀 그랬던 거 같아요. 거기다 근데 눈치를 보는 아이는 아닌데 예슬이가 좀 예뻤어요, 그리고 조용하고. 특별히 막 어렸을 때 나대거나 그런 애가 정말 아니었고 말소리란 걸 키워본 적이 없는 것 같아요, 애기 때부터. 그러니까 선생님들도 "이쁘다, 이쁘다" 하고…, 근데 그만큼 또 조용했고.

그러고 나서 3년 있다가 이제 동생이 태어났잖아요. 그러니까 애도 딱 한 달 만에 또 이제 언니랑 같이 유아원에 다녀야 되고 그러다 보니까, 항상 제가 그 얘기를 했던 것 같아요. "언니니까 네가 동생을 항상 데리고 다니고 항상 돌봐야 돼", 이 말을 하다 보니까 어릴 때부터 좀 참는 게 좀 많았고 조용했어요. 그렇다고 막 내성적이진 않았지만, 밖으로 드러내고 '나 뭐' 이렇게 막 그런 친구는 아니었어요.

면담자   초등학교 들어가서는 친구들이 많은 스타일이었어요?

예슬 엄마   친구들은 항상 많았어요. 친구들은 많았는데, 어, 예슬이가 이제 좀 커서 했던 얘기 중에 하나가 자기는 그 성격이 너무 싫대요. 뭐냐 하면 친구들이 부탁을 하면 내가 바쁘거나 내가 하기 싫으면 "싫어, 나 안 할 거야" 이래야 되는데 자기는 그 말을 못 하겠대요. 친구나 상대방이 뭔가 부탁을 했을 때 걔가 미안해할까 봐 자기는 "내가 조금 하기 싫고 그래도 그냥 하고 그럴 때가 있는데, 어쩔 때는 그런 성격이 엄마 난 싫어"라고 얘기를 하더라구요. 근데 친구는 항상 많았어요. 얘가 제 딸이라서가 아니라 저는 예슬이를 보면서 참 많이 배우는 게, 분명히 자기, 그렇다고 자기 얘기를 안 하는 친구는 아닌데, 음… 친구가 많았어요. 그만큼 좀 자기 얘기만 하는 아이는 아니었던 것 같아요. 친구 많았어요. 좋아하는 친구 되게 많았어요.

면담자   친구들 마음도 품어주고 뭘 좀 해달라고 하면 뭐 가능하면 적극적으로 해주고?

예슬 엄마   그리고 아, 좀 아프거나 힘든 친구들이 있으면 굉장히 잘 들어줬던 것 같아요, 저랑 애들 아빠랑은 안 닮아, (웃으며) 안 닮을 정도로. 그래서 저는 예슬이가 너무 좋았어요. 예슬이 보면서 배운 게 많았어요. 걔는 밝았어요. 조용하지만 밝았고, 특별히 막 신경 쓰이게 하는 친구는 아니었던 것 같아요.

면담자   뭐 초등학교나 중학교 정도 시절에 특히 어머니한테 기억에 남은 어떤 장면 같은 게 있습니까?

예슬 엄마   한번 그게 예슬 아빠가 사업을 하다가 힘들어져서 우리 예슬이랑 ○○이를 방법이 없어 가지고, 어머님이 제천에 계시는 데 거기서 1학년부터 5학년까지 어머님이 키워주셨어요. 저희가 "일주일에 한 번씩 내려간다"고 했는데, 맨 처음에는 잘 갔는데 일을 하다 보면 힘들면 그게 뭐 더 늦어질 수도 있고⋯. 그런데 한번은 예슬이랑 ○○이를 만나러 갔는데, 제가 어렸을 때부터 항상 그러니까 "동생은 네가 항상 보살펴야 되고 어디든 떨어뜨려 놓으면 안 되고" 이거를 [강조]하다 보니까, 애도 초등학교 때 친구들이랑 놀러 가고 싶잖아요. 근데 ○○이는 아직 애기고 3살 차이니까, 애는 언니를 따라가려고 울고⋯. 근데 얘가 이제 한번은, 지금도 그 생각을 하면 마음이 찡한데, 얘가 친구랑 놀러 가고 싶은데 ○○이가 울면서 언니를 쫓아가려고 하니까 안 데려갈 순 없고, 자기는 혼자 편하게 놀고 싶은데, 그러니까 얘가 자전거를 끌고 이제 "빨리 오라"고 막 그러는 거예요. 근데 이 어린애가 빨리 못 오니까 ○○이가, 예슬이가 ○○이를 자전거 뒤에 태우고는⋯ 울면서 그걸 끌고 가는 거예요. 지는 가서 편하게 놀고 싶은데, ○○이는 데려가야 하는데, 귀찮기는 한데 안 데려가면 또 동생이니까 안 되고⋯. 그 모습이⋯ 한번⋯, 아직도 가슴에 많이 남죠. 어렸을 때 그 모습이 남고, 그리고 그 모습이 가장 많이 남아요, 에이(울음).

면담자　　예슬이가 감성과 감각이 아주 뛰어난 아이었잖아요? 그런 건 언제부터 이렇게 느끼셨어요?

예슬 엄마　　아, 감사합니다. 그거는요, 사실은, (훌쩍이며) 제가 제일 잘한 것 중에 하나가 '예슬이[는] 그림을 그려야, 그리는 거를 해 줘야겠다'라고 생각한 게 초등학교 때였는데, 애가 뭐냐면 집에만 오면 걱정이 없었어요. 왜 걱정이 없었냐 하면, 집에만 오면 따로 장난감이 없었어도 그림을 그렇게 그렸어요. 그런데 아까 말씀드렸듯이 예슬이가 이렇게 좀, 자기 얘기를 많이, '아프면 아프다'고 말을 하고 화가 나면 '화가 난다'고 얘기를 해야 되는데 어느 정도를 참는 게 어렸을 때부터 있는 거예요. 그래 가지고 제가 볼 때 '이러다가 아이가 좀 그렇겠다. 좀 속상한 일도 생길 수 있겠다' 싶어 가지고 "미술[그림]을 한번 그려볼래?" [했어요]. 근데 그때는 또 어머님한테 5학년 때까지 있었으니까 이제 6학년 때 안산으로 다시 왔어요. 그러면서 제가 미술학원을 보냈어요. 근데 처음에는 '뭐 얘가 뭐 색감이 뛰어나고 뭐 재질이 있고' 그걸 생각했다기보다, 예슬이가 이렇게 항상 그림, 그리고 뭔가를 끄적끄적 쓰고 이런 거를 너무 좋아하다 보니까, "한번 그림을 그려볼래?" 그리고 초등학생이 그렸는데도 그냥 다 고만고만하잖아요. 그래 가지고 처음에는 아이 성격, '이제 좀 속상한 게 있고 풀 게 있으면 그림으로 풀었으면 좋겠다' 했는데 미술학원을 갔는데 제법 잘 그리더라고요. 근데 어렸을 때부터 그림 그리는 걸 너무 좋아했어요.

면담자   초등학교 6학년 때 이제 (예슬 엄마 : 안산으로 왔어요) 안산으로 와서 미술학원을 다녔고.

예슬 엄마   다녔는데 "다니다가 싫다"고 하더라구요. 그래서 "왜?" 그랬더니, 자기는 자유롭게 그리고 싶은데 학원은 딱딱 정해진 커리큘럼이 있으니까, 거기에 맞춰서만 가르치니까 애가 질려 하더라고요. 그래 가지고 "그래? 그러면 네가 하기 싫으면 하지 마" 그래 가지고 그만뒀죠. 근데 항상 걔는 또 그림을 항상 그렸고. 그러다가 중학교 때, 중학교 3학년 정도인가 됐을 때, "엄마, 나 다시 그림을⋯", 아 그러면서 그때 그랬어요, "그림을 그리고 싶은데 그림은 엄마, 내가 그리면 그냥 순수 그림 교수로만 가야 되고⋯" 그렇게 얘기를 하더라고요. 그래서 "예슬아, 그림은 그렇지 않아. 네가 기초를 다지고 네가 거기서 그림이라는 거를 접하게 되면, 미술을 하게 되면 네가 나중에 대학을 가면 디자인도 할 수 있고 뭐 의상 디자인도 할 수 있고 건축물을 네가 그릴 수도 있고⋯, 네 말대로 순수 교수가 될 수도 있고, 길은 되게 많아, 예슬아. 그러니까 우선 미술이라는 걸 놓지 않으면 네가 나중에 선택을 할 수 있어" 그러니까, 그때 가서 다시 그림을 그리기 시작한 거예요, 지가 원해서.

면담자　　6학년 때 안산에 와가지고, 엄마, 아빠는 또 직장에 나갔으니까, 예슬이는 지가 동생도 돌보고 그러면서 어린 나이에 때부터 독립심이 강했네요.

예슬 엄마　　강해요. 저희 애들이 그래서 강해요(웃음).

면담자　　쉽지는 않았을 거거든요. 중학교 한 2학년? 이 정도 되면 충분히 하겠지만 초등학교 6학년이면 쉽지 않은 나이죠. 큰 문제는 없었어요?

예슬 엄마　　전혀, 사실 전혀. 저는 저희 예슬이 키우면서 거짓말 같겠지만 한 번도 예슬이한테는 속상해 본 적이 없었어요, 한 번도.

면담자　　제천에 있을 때 친구 관계가 좋았다고 하니까 (예슬 엄마 : 좋았어요) 안산에 와서도 빨리 적응해서 친구들도 많았을 거 같고요.

예슬 엄마   친구 얘기들을 잘 들어줬던 것 같아요. 한 번도 친구…, 부모라면 애들이 학교 들어가고 그러면서 제일 걱정한 게 왕따 아니면 내 아이가 혼자…, 그게 걱정이었는데 저희 아이들은, 예슬이는 그런 걱정이 없었어요.

면담자   엄마, 아빠가 자기 일을 할 수 있도록 예슬이하고 동생이 많이 도와준 거네요.

예슬 엄마   어휴, 너무 많이 도와줬죠. 많이 도와줬어요.

면담자   어린 나이부터 아주 주체적이고 자립적인 아이들이었네요.

예슬 엄마   그리고 예슬이는 제가 일하는 것에 대해서 되게 자랑스러워했어요. 그러면서 항상 그랬어요. "나도 엄마처럼 일을 할 거야", 항상 그 얘기를 했어요. 그니까 얘는 굉장히… 뭐라 그럴까, (잠시 침묵) 아, 뭐라 그럴까, 진취적이고 그랬던 것 같아요. 그래 가지고 제가 일하는 것에 대해서 "어떻게 우리만 놓고 일을 해" 그런 적이 한 번도 없었어요, 제가 일하는 거를 되게 자랑스러워했고. 또 제가 하는 일이 네일아트잖아요. 한번은 그런 일이 있었어요. ○○이가, [예슬이] 동생이 학교에 이제 부모들이 와야 된대요. 근데 이러는 거예요, 조심스럽게. "엄마, 근데 엄마 학교 올 때 다른 엄마들처럼 하고 오면 안 돼?" 이러는 거예요. 저는 몰랐는데 아무래도 제가 미용 쪽이다 보니까 좀 개성이 강하죠. 그니까 예슬이가 딱 그 얘길 하더라고요. "○○아, 나는 엄마가 입고 다니는 옷도 그렇고 나는 엄마 되게 좋은데?" 그러니까 ○○이도 "좋은데, 엄마는 다른 엄마들이랑은 약간 틀려서" 이러더라구요. 근데 예슬이는 어릴 때부터 저의 모든 거를 (웃으며) 지지해 줬어요. 굉장히 개, 개방적이었던 것 같아요.

면담자   아침에 일어나서 밤에 주무실 때까지 일반적인 일상을 한 번만 그려봐 주실래요? 몇 시쯤에 일어나서 아침 식사는 어떻게 하고 애들은 어떻게 보내고 밤에 어떻게 오며 애들을 어떻게 만나고, 뭐 이런 얘기 말입니다.

예슬 엄마   아침에 저는 새벽에 일어나면, 새벽에 일어나서 이제 준비를 하고 이제 나가기 바빴죠, 가게가 이태원에 있고 그러니까. 그때는 그렇게 하면, 예슬 아빠가 새벽에 일하고 와가지고, 운전하고 와서 5시에 들어오든 6시에 들어오든, 자기가 국을 끓여가지고 애들을 깨워서 밥을 먹여요. 그리고 애들이 이제, 저는 애들이 이제 학교 가기 전에, 일어나기 전에 갈 때가 되게 많았어요. 그러면 예슬 아빠가 해서 애들 깨워서 이제, 그러면 예슬이가 국이라든가 그런 걸 데워서 ○○이랑 같이 밥을 먹어요, 예슬 아빠 자고, 그때는. 그러고 나서 상을 딱 차려놓으면 ○○이를 예슬이가 깨워요, 다 준비하고 학교를 가고. 그러고 이제… 집에 오면 제가 있을 때도 있고 없을 때도 있고 그러면은, 제가 있으면 좀 저녁에 기다렸다 밥을 먹고, 아니면 지들이 먼저…. 저희는 항상 밥을 (손을 동그랗게 하며) 요렇게 상에다가 해놨거든요, 식탁에다가. 그러면 예슬이가 또 와서 밥을 먹고 씻고…, 그러다가 저녁 때 제가 오면 뭐 조금 조금 이런저런 얘기하다가 자고, 그게 반복이었죠.

그리고 제가 일이 이게 미용 쪽 일이니깐 일찍 못 끝날 때가 되게 많아요. 저희가 가게가 좀 컸었어 가지고, 숙소가 이태원에 있었어요. 그러면 토요일 같은 때, 금요일, 토요일 같은 때는 늦게까지 손님이 있으니까 제가 숙소에서 자고 못 올 때가 있어요. 그러면 그럴 때는 예슬이, ○○이가 이태원으로 올라왔어요. 숙소로 와서 금요일 날 저녁에…. 제가 애들 토요일이라고 그래서 놀아준 적이 거의 없어요. 그리고 제가 평일에 놀기 때문에 예슬이, ○○이가 노는 때 같이 노는 적이 별로 없으니까, 금요일 날 이태원으로 와요, 숙소가 그 아파트 같은 데니까. 그럼 와가지고 같이 이제 거기서 자고 맛있는 거 해 먹고, 저녁에 애들 그 이태원 되게 신기해했었거든요? 그러면 같이 이제 가서 나가서 놀고, 연예인들도 많이 오니까 보고, 그러고 이제 토요일 날까지 놀고 일요일 날 내려가든가, 아니면 아빠가, 이제 예슬 아빠가 토요일 날 저녁에 올라와서 일요일 날 애들이랑 용산 가서 놀고, 그러다가 저는 또 이제 출근을 해야 되니까, 그러다 또 안산 오고 그런…. 그니까 남들의 그런 생활 패턴하고 저희는 약간은 틀렸어요.

면담자 엄마의 이태원 숙소에서 주말을 놀았다니 되게 재밌는 상황이네요. 보통 아이들이 경험할 수 없는 별세계를 아이들은 봤다는 얘긴데….

예슬 엄마 근데 저희 아이들은, 근데 지금 생각하면 그것도 되게 좋았던 것 같아요. 그래서 우리 예슬이랑, 예슬이가 좀 개방적인 친구예요. 그니까 막 틀에 딱 얽매여서 '이건 되고 안 되고'가 아니라 이렇게 보면 어리지만 다 열어놓는 아이였는데, 그 이유 중에 하나가 안산이라는 데에 박혀 있으면 그랬을 텐데, 예슬이랑 ○○이는 좀 서울을 많이. 그래서 좀 제가 또, 애들 아빠도 자유로운 영혼이지만 저도 그러다 보니깐, 저녁에 올라오면 새벽에 막 동대문 시장도 가고, 떡볶이도 신당동으로 먹으러 가고 막, 그런 경험이 참 많다 보니까 '애가 더 개방적이지 않았나' 이 생각에 자유로움이 있지 않았나 싶어요.

면담자 두 번째 질문이 "주말은 어떠셨습니까?"가 질문이었는데 이미 다 답변을 하셨고요.

예슬 엄마 네, 거기에 다 들어가요.

면담자 여행을 간다든지 이런 경험들도 있으십니까?

예슬 엄마 제가 지금까지 아쉬운 게 여행을 많이 안 갔어요. 솔직히 말해서 여행을 거의 안 갔어요. 그냥 가봤자 시골 시댁에 가는 거, 거기서 그냥 잠깐 가는 거지. 저희가 따로 날을 잡아서 여행을 가고 휴가를 맞춰서 가고 그럴 때 네 식구가 같이 간 적이 거의 없어요, 그게 참 아쉬운데. 그래서 예슬 아빠랑 애들이랑 같이 가든가 저랑 애들이랑 같이 가든가 그랬었지 네 명이 같이 간 적이 거의 없어요. 그냥 이렇게 뭐 명절 같은 때에 아니면 뭐 할머니네 놀러 갈 때 그럴 때 잠깐잠깐은 몰라도 휴가 때는 그게 거의 없었던 것 같아요.

면담자 예슬이가 단원고로 진학한다든지 그런 거는 직접 선택한 건가요?

예슬 엄마	네.
면담자	뭐 이유가 있었어요?
예슬 엄마	아니, 이유도 특별히 없었는데, 중학교 때 친구들이 단원고를 간다고 그래서 "자기도 단원고를 같이 가면 좋겠다"고 그래 가지고 "그래, 네가 알아서 해" 그래 가지고. 이유가 그것밖에 없었어요.
면담자	고등학교 생활은 어땠습니까, 예슬이는?
예슬 엄마	고등학교요? 아주 좋았어요. 그니까 고등학교, 지금도 제가 스승의 날이 되면 유일하게 하는 게 하나가 고등학교 1학년 때 그… 예슬이 담임선생님한테 예슬이 대신 제가 꼭꼭 문자를 드려요. 그… 1학년 선생님이 너무너무 좋은 모습을 간직할 만큼 예슬이는 정말 고등학교 때, 응, 잘했어요. 중학교 때도 잘했지만 고등학교 때도 친구들도 많았고 생활 아주 잘했어요. 아주 잘했어요.
면담자	특히 고교 1학년 때 선생님이 예슬이를 많이 예뻐하셨군요?
예슬 엄마	많이 예뻐했던 것 같아요. 그러니깐 이유 중에 하나가 맨 처음에 학기, 선생님이 얘기를 해주시더라고요. 학기 맨 처음에 시작하면 다 낯설잖아요. 그래서 처음 들어갔는데 선생님이 그랬다고 그러더라고요. "나를 도와서 좀, 나를 도와줄 친구가 있니?" 그랬더니 아무도 손을 안 들더래요. 예슬이가 쭈뼛쭈뼛 손을 들더니 "선생님 제가 도와드릴게요" 그래 가지고 시작이 됐다 그러더라고요,

그래 가지고. 근데 예슬이가…, 저는 일하느라고 솔직히 그런 생활을 잘 보지는 못하잖아요. 근데 특별히 문제가 되거나 힘들어하거나 그런 게 없었어요. 항상 "즐거웠다"라고, 재밌어했어요.

면담자   고등학교 가서도 그림을 계속 그렸어요?

예슬 엄마   아유, 고등학교 가서는 지가… 그때 고등학교 들어가기 전에 걔가, 걔는 그때부터 자기는 "엄마", 자기는 "미술을 하려고 그래" 그래서 "입시 전문으로 가고 싶어"라고 그러더라구요. 그래 가지고 제가 그때 사실은 입시랑 그냥 취미로 그리는 거랑은 틀리잖아요. 그래서 제 친구 중에 한 친구가, 친한 친구 언니가 그 미술 관장을 해요. 그래 가지고 한번은 예슬이가 중학교 때 그렸던 것들을 가지고 제가 가봤었어요. 그래 가지고 "언니, 이게 이래서 예슬이가 그림을 그리고 싶어 하는데… 이게 취미랑 또 공부 쪽이랑은 틀리니까 가능성이 있을까? 언니가 한번 판단을 해줘" 하고 그 스케치북을 가지고 들고 제가 일부러 갔었어요. 그랬더니 언니가 딱 그러더라고요. 이 학원 같은 경우는 다른 건 몰라도 패턴이 정해져 있기 때문에 그거 가지고는 알 수 없는데 "예슬이가 색감이 너무 좋아" 이러더라구요. 근데 "현희야, 그 색감은 배운다고 되는 게 아니야. 원래 가지고 있어야 되는데 예슬이가 색감이 너무 좋아" 이러더라고요. 그래서 "한번 가르쳐봐" 그러더라고요. 근데 그때 그 당시에는 돈도 많이 들잖아요. 그래서 생각을 많이 해서 제가 그거를 가지고 갔던 거예요, 혹시라도 "아니"라고 그러면 예슬이한테 설득을 하려고. 근데 그래서 그 얘기를 들으니까 '아유, 그래 가르쳐야 되겠다' 그래 가지고 예슬이한테 "네가 다 알아봐" 그랬어요, "네가 학원을 알아보고 학원비는 어떻게 되고 어떤 식으로 수업이 되고". 그래서 지가 알아서 그 'CNC'를 다니게 된 거죠. 그래서 걔는 고등학교 1학년 때부터 미술을 딱 정했었어요.

면담자　　　'CNC'라는 거는 학원 이름인가요?

예슬 엄마　　　학원, 입시 미술학원.

면담자　　　입시 미술학원 이름이군요, 안산에 있는. (예슬 엄마 : 네) 그러면 뭐 좀 진로가 어린 나이에 (예슬 엄마 : 정해졌어요) 딱 정해져 있었던 거네요?

예슬 엄마　　　진짜 그래서 걱정이 하나 없었어요. 걔는 정말 이게 부모니까 '그렇게 할 수도 있지'라고 하는데, 아주 정말 조심스럽게 말을 하다 보면, 예슬이는 (잠시 침묵) '예슬 아빠랑 저 사이에서 어떻게 저런 아이가 태어났을까' 싶을 정도로 정말 제가 배우는 것도 많았어요. 아주 괜찮은 친구였어요, 진짜로.

면담자　　　한 가지만 더 질문하고 좀 쉬었다가 할 생각인데요. 예슬이랑 하면서 제일 재밌었던? 그런 기억 하나만 드신다면 뭘까요?

예슬 엄마　　　하나만요? 제일 좋았었던 기억?

면담자　　　'즐거웠던'이랄까?

예슬 엄마　　　제일 즐거운 게 저는요, 그거예요. 예슬이랑 다니는 걸 너무 좋아했어요, 제가. 이게 그런 거 있잖아요. 어딜 가든지 "어머, 딸 너무 예뻐요. 어머" 이러면 안 그래도 어깨 으쓱하잖아요, 근데 예슬이는 어디 데리고 이렇게 나가면 항상 그 얘기를 들어서. 예슬이가 키가 컸어요, 키도 [1]69[cm]에다가 몸무게도 많이 안 나가고 되게 날씬하고 크고. 제일 저는 지금도 정말 좋은 게 예슬이는 또 이렇게 천진난만하다 그럴까? 아마 고등학교 되면 창피해서라도 안 해 줬을 텐데 제가 손을 잡고 밖에를 나가요. 그래서 신호등에 있다가 갑자기 예슬이랑 뽀뽀를 하고 싶을 때가 있어요, 딸이니까. 그러면 "예슬아, 엄마 뽀뽀해 줘" 그러면 고등학생인데도, 신호등이잖아요. 그런데도 볼에다가도 아니고 입술에다 뽀뽀를 해요. 얘는 그런 거에 대해서 [거리낌이 없었어요]. 근데 저는 그게 너무너무 즐거웠어요. 그러니까 즐거운 거는 너무 많죠. 놀러 가서도 재밌는 게 너무 많고 순간순간 내 딸이라는 게 너무너무… 막…. 근데 저는 언제나 생각해도 그게, 저는 너무너무 즐거운… 일 중에 하나 정말. 저는 심지어, 이런 표현이 맞나? 저는 우리 예슬이를 보면요, 항상 심장이 뛰었어요. 안 믿겨지시죠? 근데 저는… '어우, 내가 엄만데 아무리 자식이 예뻐도…', 우리 예슬이를 보면 정말 심장이 막 뛰었었어요.

면담자   매력이네요? (예슬 엄마 : 어우, 네) 자식을 보면서 사람으로서의 매력을 느꼈다는 그런 말씀이신 거죠?

예슬 엄마   그런 것 같아요. 그리고 사실은 제가 가지지 않은 것들을 가졌기 때문에. 자식이 롤모델이 될 수는 거의 없잖아요. 근데 그런 차원이었던 것 같아요, 내가 하지 못하는 거를 하는 모습을 보고. 그리고 또 어렸을 때 할머니, 할아버지랑 살다 보니까 얘가, 이, 노인에 대한, 그러니깐 어르신에 대한 그런 것도 가르치지 않아도 굉장히 많아요. 그러니까 예를 들어 간단하게 말하면 저희 친정아버님이 돌아가셨었어요. 그런데 아버지 후배가 그 저기 그 장례식장에 오셨는데 혼자서 밥을 드시고 계시는 거예요. 근데 예슬이도 처음 뵙는 분이죠, 그 아저씨를. 근데 가가지고 이런저런 얘기를 하면서 앞에 앉아서 밥을 같이 먹는 거예요, 그러니깐 ○○이도 따라가고. 그래서 나중에 "예슬아, 너 저 아저씨 모르는데 안 어색해?" 그랬더니 "엄마, 외할아버지한테 오셨는데 혼자서 드시는데 얼마나 어색하시겠어. 그래서 가서 그냥 얘기하고 밥 먹었지". 그러니까 자식이지만 롤모델 같은 그런? 이건 너무 자식 자랑이다(웃음). 근데 아무튼지 간에 그런 게 너무너무 즐거운 거. 막 길, 이렇게 길거리에서 "뭐 해줘" 하면 정말 나이에 안 맞게 천진하게 웃으면서 뽀뽀도 해줄 수 있고, 저는 그게 너무너무 즐거운 기억 중에 하나예요, 그냥 평소에 놀고 이랬던 거 보다.

6
예슬이를 키울 때의 양육관

면담자   부모들이 아이를 키울 때 '요건 꼭 지켜야 되겠다' 하는 게 있잖아요? 예슬이 키울 때 어머니가 지키려고 했던 것이나 또는 바랐던 거 그런 게 있으실까요?

예슬 엄마   저는 예슬이한테, ○○이한테도 그렇고 딱 두 가지는 항상 얘기를 했었어요. 뭐가 있냐면, 하나는, 어렸을 때부터 얘기를 했는데, 하나는, "어떤 일이 생겼을 때 나만 생각하지 말고 상대방도 그 당시에 어떤 입장이었는지 꼭 한번 생각을 해라", 그 말하고 그리고 또 하나는 그거였어요. "가족은, 가족은, 남들이 다 뭐라고 그러고 잘못했다고 그래도 남들 앞에서는 같이 욕하거나 그러지 말고 가족은 무조건 편이 돼줘야 된다. 그래서 엄마는 너희들이 어떤 일이 있고 크면서 안 좋은 일이 있든 좋은 일이 있든 엄마는 항상 니네 편이야. 그러니까 예슬이도 ○○이도 항상 같은 편이 되어야 돼". 그냥 그런, 그 얘기만 딱, 항상 했던 것 같아요, 그 얘기는. "너네는 가족이니까 한 사람이 힘들면 한 사람이 도와줘야 돼. 항상 가족은 다른 사람이 다 욕해도 가족끼리는 그러면 안 돼", 그거하고 친구들이랑 싸우거나 뭐 안 좋은 일이 있을 때 "네가 속상한 것도 있지만 상대방이 어떤 마음인지도 한번은 생각을 해봐라", 그 얘기는 꼭 했던 것 같아요.

그게 뭐 제가 뭐 깊은 뜻이 있어서 그 얘기를 한 게 아니라. 저도 이제 성장, 학창 시절을 보냈잖아요. 그리고 사회생활도 하고 그러면서 항상 제가 생각했던 부분들이 그런 부분이다 보니까 '우리 아이들은 좀 그랬으면 좋겠다' 그래서 그 얘기를 항상 했던 거 같아요, 그거 외에는 뭐…. 애들 아빠는 항상, 애들 아빠가 하는 얘기는 또 하나 "항상 정직해라. 항상 거짓말하지 말고 정직하기만 하면 된다. 공부 못해도 돼. 뚱뚱해도 돼". 예슬 아빠는 항상 그 얘기를 했고 저는 그 두 가지를 항상 얘기했던 것 같아요.

면담자   자기 길을 알아서 찾아가게 하셨네요.

예슬 엄마   공부는 별로 못했어요, 둘 다 (웃음). 역시 근데 그것도 저희들은 한 번도…. 항상 제가 애들한테 그랬어요, "우리 딸들은 공부 스트레스라는 걸 몰라서 좋겠다" 그러면 "그렇지". 그런데 되게 당당해요. 우리 예슬이가 한번 중학교 때 전교 1등 하는 회장 애가 예슬이를 좋다고 쫓아다닌 적이 있어요. 그래서 "엄마 사귀어볼까?" 그러더니 사귄대요. 그러더니 며칠 있다 헤어졌어요. 그래서 중학교 때는 애들 그런 게 있잖아요. 그래서 "왜 헤어졌어?" 그랬더니 "엄마, 나는 내가 공부 못하는 거에 대해서, 나는 미술을 잘하고 그 외에 잘하는 게 있으니까 나는 괜찮은데, 근데 살짝 자존심은 상하더라고. 애들이다 전교 1등 하는 애들 사귄다고 그러고, 회장이랑 사귄다고. 그런데 살짝 자존심이 상하는 거야. 그래서 안 되겠어" 그러더라고요, 중학교 때. 근데 너무 당당했어요. 그리고 저희가 일을 하면서 애들 아빠도 바빴고 저도 바빴고, 아이들 한창 공부를 봐줘야 될 때 저희들이 못한 건데 그걸 가지고 애들한테 탓하면 안 되잖아요, 그러면 더 이상한 거니까. "공부? 그래 못하면 돼. 훌륭한 사람 안 돼도 니네가 하고 싶은 거 하면 돼". 그러니깐 애들 아빠랑 저랑 항상 토닥토닥하고… 정말 강해요 개성들이, 서로 지기 싫어하고. 그런데 잘 맞는 건 딱 그거였던 거 같아요. 아이들에 대해서, 그 육아에 대해서는 좀 잘 맞았어요. 그랬던 거 같아요.

면담자   보통 부모들이 육아 때문에 싸우거든요.

예슬 엄마   저희는 그런 걸로 싸워본 적 없어요.

면담자   별로 싸울 일이 없네.

예슬 엄마   아예 없었어요, 아예 없었어요(웃음).

면담자   종교나 그런 거는 없었어요? 아이들이?

예슬 엄마   없다가 예슬이가 교회를 다녔었어요. 애들, 그러니까 예슬이 삼촌이 친삼촌이 교회를 다니거든요. 근데 예슬이도 그때 저희도 중고등학교 때 한참 교회 다니고 그러잖아요. 근데 예슬이가 교회를 좀 가더라구요, 교회를 조금 갔었죠.

면담자   고등학교 가서?

예슬 엄마   네, 교회를 갔었어요, 친구들하고. 그런데 그것도 저희는 종교가 없지만, 그리고 시댁은 불교고 애들 아빠는 불교고 하지만 그거 가지고 뭐라고 안 그랬던 게, 종교는 그냥 마음의 믿음이니까. 지가 하고 싶은 거 하고. 또 교회라는 게 저희 학교 다닐 때 보면 종교라는 그것보다 믿음보다 이렇게 아이들 만나서 어울리고 그런 쪽에서 또 이렇게 커지는 게 있잖아요, 성장하는 게. 그래서 교회를 다니고… 그랬죠. 애들 아빠를 닮아서 되게 부지런했어요, 예슬이는. 정말 빨빨거리고 잘 다녔어요(웃음).

7
수학여행 준비와 수학여행 당일

면담자   이제 고등학교 2학년 돼서…, 아유… 우리가 이제 회고하면 슬픈 (예슬 엄마 : (웃음)) 이야기들을 조금 음… 하려고 하는데요. 수학여행 가는 준비를 예슬이는 엄청 즐겁게 했을 것 같아요.

예슬 엄마   네. 그런데 그거를 저는 늦게 끝나서 오니까 아빠랑 많이 했죠, 아빠랑.

면담자   뭘 주로 준비했다고 그래요?

예슬 엄마   다른 거는 몰라도 이제 그 가면서, 가서 이제 공연할 거 있잖아요, 애들 공연하려고. 그런 거랑 또 배를 타고 제주도를 가는 게 처음이니까, 애가, 그 설렘이 커 가지고, 가서 입을 거, 가서 공연할 거, 그런 거에 대한 준비를 되게 많이 했어요.

면담자   엄청 즐겁게요?

예슬 엄마   어우, 그럼요. 그럼요. 진짜 즐거워했죠, 진짜.

면담자   공연은 어떤 종류를 준비했어요?

예슬 엄마   주로 보니까 애들이 단체로 모여서 뭐 팀별로 공연을, 무용도 하고 뭐 그런 식으로 공연을, 이렇게 안무 연습을 하고 그러더라고요. 그래서 예슬이도 이렇게 팀에 있던 그 몇 명, 지금 보면 다섯 명인가 여섯 명이 연습을…. 걔네들이 그걸 하기 위해서 3, 4개월 전부터 연습을 했어요. 굉장히 연습을 많이 했어요.

면담자   그랬구나…. 사실은 뭐 그 연습 과정 자체가 그 아이들에게는 즐거움이자 추억이죠.

예슬 엄마   그 추운데 진짜 연습 많이 했어요. 근데도 그 자체가 즐거웠죠, 뭐.

면담자   일부는 배 타고 가는 거에 대해서 좀 반대했던 어머니들도 계셨거든요. 어머님은 어떠셨어요?

예슬 엄마   그죠. 저는 사실 반대 안 했어요. 반대를 안 했는데 그 말을 했어요. 이제 "배를 타고 가서 올 때 비행기를 타고 온다"고, 그러고 "배를 타고 가고 그런다" 그래 가지고, 그리고 늦은 시간에 갔잖아요. 저는 맨 처음에는 저도 사실 이렇게 막 세밀하게 보는 스타일이 아니라서, 근데 나중에 보니까 학교를 끝나고 저녁에 배를 타고 간다는 거예요. 그래서 그 얘길 했어요. "야, 무슨 학교가 수업을 다 하고 가? 안 하고 그냥 아침 일찍 가야지" 그랬더니 수업 하고 간다고 그러더라고요. 그래서 "아우, 진짜 짜증난다. 무슨 학교가 다 늦은 오밤중에 배를 타고 가니?" 제가 그 얘기를 했어요. "아니면 그냥 비행기를 타고 가서 비행기를 타고 오든가" 그런 얘기를 흘러가면서 얘길 했죠.

면담자   2014년 4월 15일 날 예슬이가 인천으로 가면서 그때부터 문자를 한다든지 뭐 연락이 있었습니까?

예슬 엄마   그때 그날 제가 아직도 기억하는데 화요일이었어요. 정확히 화요일이었던 게 제가 그때 쉬는 날이었어요, 평일이어서. 그런데 4시 정도 됐을 때 문자가 왔어요, 이제 애들 아빠는 출근했었고. 문자가 와서 "엄마, 저 이제 수학여행 가려고 배 타러 출발했어요" 하고 왔어요. 그래 가지고 바로 전화를 했죠. 바로 전화를 했더니 받더라고요. 그래서 그때도 그 얘기를 했어요. 뭐 이런저런 얘기 하면서 그때도 그 얘기를 했어요, "야, 무슨 학교가 수업 다 하고 오밤중에 배를 타고 가냐?" 그러면서 "어우, 짜증 나" 그러면서 제가 빈 소리로 "근데 예슬아, 정말 그럴 일은 없겠지?" 근데 그 전날 예슬이가 (웃으며) 밥을 먹으면서 애들 아빠한테 그랬다고 그러더라고요. 제가 이제 퇴근하고 오니까 애들 아빠가 그 얘기를 해요, 밥 먹으면서. "아빠, 근데 우리 배가 가다가 뒤집히진 않겠지?" 이러더래요. 그래서 예슬 아빠가, "우리 배 가다가 문제 생기지는 않겠지?" 이러더래요, 그래서 예슬 아빠가 그랬대요, "야, 대한민국이 얼마나 선진국인데. 그리고 그 큰 배가 그럴 일도 없고. 만약에 그러면 시키는 대로 따라서 오기만 하면 돼", 그 얘기를 딱 "했다"는 거예요.

그러고 나서 그날 15일 날 제가 그 얘기를 했어요. 그러고 나서 제가 아침에 애들 자는 거만 보고 출근을 했으니까 가는 거는 못 봤잖아요. 그래서 제가 예슬이한테 "예슬아, 우리 못 봐서 어떡해?" 그러면서 왜 그런 말을 했는지 몰라, 그러면서 "예슬아, 수학여행 잘 갔다 오면 우리 꼭 봐?" 내가 그랬거든요. 그게 무슨 말이냐고요, 당연히 봐야 되는 거를. "예슬아, 우리 수학여행, 예슬이 수학여행 잘 갔다 와서 우리 꼭 보자?" 그러면서, "근데 혹시 배가 문제가 생기진 않겠지?" 그랬더니 "아이, 엄마 그럴 일 없어" 그러고 전화를 끊었는데…. 아, 그런 느낌 아세요? 전 아마 그런 느낌이 또 만약에 생기면 저는 우리 ○○이를 데리러 달려갈 거 같애. 그 어떤 느낌이냐면, 제가 옛날에 학교 다닐 때 그런 느낌을 모르다가 성인이 돼서 알았던 건데, 회색빛 도시라는 느낌이 있잖아요. 제가 옛날에 책을 봤는데 소설에 각인된 게, 제가 이해가 못 했던 게, 거기서 되게 삭막하고 그런 표현을 "회색빛 도시"라는, "시멘트 같은 회색빛 도시"라는 표현을 썼는데 저는 그걸, 느낌을 몰랐어요, 어렸을 때는. 근데 그날 전화 통화를 했는데 뭔가 그런 느낌 있잖아요, 평소와 다른 이상한 그런 느낌? 문자가 딱 왔는데 그런 느낌이 드는 거예요.

그래서 제가 바로 전화를 했어요. 그리고 나서 이제 저녁때 예슬 아빠 카톡[카카오톡]으로 이제 "출발 못 할 것 같대" 그러면서 "ㅠㅠ" 하고 온 거예요. 그러고는 9신가 그때 제가 전화를 하니까, 이제 그러고 나서 배 출발한다고 문자가 한 번 오고, 그래서 아홉, 몇 시였지? 아, 저녁에. 제가 11신가 12시쯤에 그때 이제 폭죽을 한다고 그랬었거든요. 그래서 '전화를 해볼까?' 그러다가 '어쩌면 또 잘지도 모르는데' 싶어서 제가 일부러 전화를 안 했어요. 그랬던 거죠, 15일 날은 그 기억이죠.

면담자   아침에는 따로 문자는 없었어요?

예슬 엄마   아니, 그러고 나서 아침에, 그날 저녁에, 제가 저는 눕기만 하면… 일이 힘들다 보니까, 사람을 상대하니까 눕기만 하면 잠을 자요. 근데 그날 잠을 못 잤어요. 계속 깨고 이상하게 깨고 잠을 못 자서 저도 새벽 5시에 일어났거든요? 출근해야 되니까. 근데 5시에 '전화를 해볼까?' 하다가 혹시 또 잘까 봐 전화를 안 했었죠. 그리고 애도 그날은 전화가 없었어요. 오전에 전화가 없었어요, 그날은 문자도 없었고. 그러니까 제 느낌에 그때 이제 [나중에 예슬이] 휴대폰 쪽에 보니까, 아침부터, 새벽부터, 그러니까 제가 그, '잘까봐' 그런 생각을 하지 말고, 그냥 6시라도 전화를 했으면 됐지…. 얘네도 6시에 일어난 것 같더라구요, 6시, 7시에. 그럼 전화를 받을 수도 있었을 것 같은데, 제 딴엔 또 잘까 봐. 근데 애는 일어나서부터 보니까 바빴어요. 그 친한 애들이랑 갑판에서 사진도 찍고 막 그 바다 파도치는 거 동영상도 찍고, 그러니까 이, 되게 바쁘더라구요. 엄청 바빴던 거 같애요, 그날 오전에 막 잔뜩 긴, 잔뜩 부풀어가지고.

그래서 오전에 아침에는 통화도 안 됐었고, 제가 통화한 건 10시 17분? 목소리 들려준 게 10시 17분. 그래서 저는 지금도 자신 있게 아주, 얘기할 수 있는 게 우리 아이들이 문제가 생긴 게, 정확히 정말 문제가 생긴 게 10시 20분에서 30분 사이에, 20분 정도라는 거를 제가, 20분에서 30분 고 사이라는 거를, 한 30분 됐을 거예요. 20몇 분 정도에서 30분 고 사이라는 거를 정말 자신 있게 얘기할 수 있는 게, 제가 이제 출근하다가 뉴스를 봤어요, 16일 날. 뉴스에서 갑자기 아이들 수학여행 가는 배가… 전복이, 이렇게 기울었다는 거예요. 근데 거제도, 아니야. 저기 진도에서 그렇게 됐대요. 그래서 제가 그걸 보고 순간에 이렇게 뇌리에 '어, 우리 애들도 수학여행 갔는데' 그런데 진도라는 말에 '우리 애들은 인천에서 출발해서 제주도 가니까' 거제[진도]로 갈 거라고는 생각을 못 했어요. 솔직히 생각을 못 했어요, 그냥 단순하게.

면담자　　진도로 가리라곤?

예슬 엄마　　네. 단순히 인천 앞바다에서 (면담자 : 제주도로 가는 거지) 직항. 근데 진도래요. 그래서 '아, 우리 애들 아니구나. 어쩌냐?' 근데 좀 있다가 수학여행이라고 그러는데 안산이라는 거예요. 어우, 조금 그렇더라구요. 그러더니 "안산 단원고 수학여행 아이들이…"

(숨을 들이쉬며) 근데 그때부터 진짜 정신이 하나도 없는 거예요, 아예, 아예, 그러고 나서 이제 막… 우선은 방법이 없으니까…. 전화도 안 돼요, 학교도. 순간에 막 불통이 됐겠죠. 그래서 아이한테 이제 막 부랴부랴 가는데 낯선 번호로 전화가 오는 거예요. 평소 같으면 애들 아빠랑 계속 통화를 하고 갔으니까, 고 짧은 거리지만 전화를 못 받았을 텐데 전화를 딱 끊자마자 전화가 와서 딱 받았더니 "엄마" 그러는 거예요. 그게 17분이었거든요. 근데 안 울더라구요, 아주 예슬이답게 담담했어요. 근데 제가 엄만데 강했어야 되는데 지금도 너무 후회되는 게 정말 제가 강하게 '예슬아, 정신 잘 가다듬고 어떻게 어떻게 해'이렇게 했어야 되는데 "엄마" 그런 소리에 울어버린 거예요, 제가. "예슬아" 그러면서 우니까 얘가 그때서야 제 목소리를 듣고 우는 거예요. 그래서 "바로 앞에 있어, 엄마. 금방 나갈 것 같애" 그래서 그런데도 저는 그랬어요. "언제 나오냐고 언제? 예슬아, 언제" 막 그러고 있는데 "엄마, 울지 마" 그러더라구요. "엄마, 울지 마. 나 꼭 그럴게" 그 말을 딱 했는데 전화기가 뚝 끊어졌어요, 진짜. 그래서 다시 전화를 했는데 안 받아요, 그때부터. 그래서 제가 예슬이랑 제가 울면서 통화한 게 5분 정도였거든요? 5분에서 10분? 10분 안 됐어요. 10시 17분에 전화를 받아서 제가 나중에 통화 그거를 봤어요. 17분이더라고요. 5분 좀 넘었었어요. 그러니까 한 20분 고 사이였던. 20분이 좀 넘었었던 거 같애요.

면담자　　　통화를 오래하셨네요?

예슬 엄마　　네. 그러니까 5분 정도, 5분, 4분, 5분이 안 됐던 거 같기도 하고. 울면서 계속 제가 전화를 안 끊었으니까, 애도 전화 안 끊고 "엄마, 걱정하지 마, 걱정하지 마. 울지 마" 그리고 마지막 말이 "엄마, 울지 마" 그 말이었어요, "엄마, 울지 마". 그래 가지고 그때는 제가 전화기를 떨어뜨린 줄 알았죠, 애가. 그런데 지금 생각하니까 그 말과 동시에 문제가 생겼던 것 같아요. 그래서 16일이 그렇게 시작이 됐죠. 예슬이의 16일 날, 예슬이랑 첫 통화, 마지막 통화. 근데 나중에 포렌식 해서 핸드폰을 보니까 문자를 많이 했더라구요. 저희한테 많이 했어요. 그러니까 엄마한테도 하고 아빠한테도 하고 똑같은 문구로 문자를 했더라고요. 전화가 안 되니까 "엄마, 아빠. 지금 인터넷 치면 우리가 탄 배가 엄마, 기울어졌어. 인터넷 치면 나와" 그러고. 그다음이 "엄마, 아빠. 나 꼭 살아서 갈게, 걱정하지 마" 그거. 근데 저희한테 안 들어왔어요, 이게. "통신 그게 진도가 안 된다" 그러더라구요. 그러고 근데 어떻게 그 순간에 그 친구 핸드폰이 됐는지 전 이해가 안 돼요. 예슬이 거, 예슬이도 분명히 핸드폰을 가지고 있었는데 기지국이 틀려서 그랬는지…. 그게 이제 16일 날 처음 통화, 마지막 통화였죠.

면담자 예슬 아빠랑 연락을 하고 진도로 가셨겠네요? 학교는 안 가시고요?

예슬 엄마 애들 [아빠], 예슬 [아빠는 못 가고] 저는 학교를 갔죠. 가서, 갔는데 그날 부모님들, 가니까 다 와 계세요. 다들 난리가 났죠, 방송 [차량]은 계속 이제 그 앞에 있었고. 근데 조금 있다가 "전원 구조"래요. 그래서 제가 그때 애들 아빠 운전을 하고 있으니까 제가 전화를 했어요. "예슬 아빠, 애들 다 구조됐대. 걱정하지 마" 그랬더니 예슬 아빠 되게 냉정한 사람이거든요. 그러더니 "헬기가 몇 댄데?" 그러는 거예요. 그러면서 "한 다섯 댄 거 같애" 그랬더니 "현희야, 우리 애들이 몇백 명인데 구조 헬기로 몇백 명을 몇십 분 만에 다 [구조]했다고? 그럴 수 있을까?" 근데 교육청에서도 문자가 왔어요, "전원 구조"라고. 근데 예슬 아빠가 딱 그 얘기를 하니까 다른 엄마들은 다 "구조 됐다"는데 저는 그 얘기를 딱 들으니까 '아, 맞다. 이게 뭐지?' 싶은 거예요. 그래서 교육청에 전화를 했어요, 제가. 다행히 통화가 되더라고요. 그래서 "지금 전원 구조가 됐다는데 그게 정확한 보도냐?"고 그랬더니 교육청에서 딱 하는 말이 (잠시 침묵) 자기들도 확인을 안 했는데 진도에서 그렇게 보내줬대요. 어우, 그 얘기를 들으니까… 뭔지 모르게 불안감이 막 생기는 거예요. 그래서 그때, 이제, 그때 걱정이 되기 시작했죠.

그러고 나서 이제… 애들 아빠랑 통화를 그렇게 하고 학교에서 버스를 대절을 한다고…. 데리러 가는 거죠, 다 부모님들이. 저도 걱정은 했지만 '데리러 가야 된다'는 생각을 했고, 그 생각을 했고, 진짜 그 생각밖에 없었어요. 가서 우리 예슬이 또 겁이 되게 많아요. 굉장히 많아요. 그래서 '아휴, 애 춥겠다. 가면 울면서 "엄마" 그러면서 무서웠다고 그럴 텐데 빨리 가서 데려와야지' 그 생각밖에 없었어요. 그래 가지고 내려갔죠. 예슬 아빠는, 제가 가면서 그랬어요. 예슬이 아빠한테 "예슬 아빠, 급하게 내려오지 말고 거기 있어봐. 애들 구조됐다니까 내가 가서 예슬이 데려올게. 그러니까 기다리고 있어, 어설프게 내려오지 말고. 내가 가서 데리고 올게. 제일 먼저 데리고 올게" 그러고 갔어요.

갔는데, 상황이… 지금 생각해도 너무 가슴 아팠던 게, 그 진도 있으면서 가장 기억에 남는 가슴 아픈 게 그거였어요. 상황이 점점 이상한 거예요. 그래서 저녁때 해가 어둑어둑 졌어요. 정말 그 전화를 하기 싫었는데 예슬 아빠한테 전화를 했어요. 다른 할 말이 없는 거야. 그래서 "예슬 아빠, 아무래도 나 못 올라가고 예슬 아빠가 내려와야 될 것 같애", 그러고는 다른 얘기는 못 했어요. 그리고 "당신이 내려와야 될 것 같은데" 그랬더니 예슬 아빠도 딱 그러더라구요. "나 지금 ○○이랑 버스로 내려가고 있어", 딱 그러더라구요. 그러니까 저는 데려가서 금방 올 생각에, 그 마음 하나로 갔는데 가서 보니까 아니었거든요. 애들 아빠한테 그 얘기를 한다는 게 너무너무 가슴이 아프더라구요. 그랬죠(웃음).

8

진도체육관으로 갈 때부터 예슬이를 볼 때까지

면담자　　예슬이가 언제 나왔어요? 며칠 정도 걸렸어요?

예슬 엄마　21일 날. 7일, 딱 7일. 네, 일주일 만에 나왔어요.

면담자　　그럼 진도체육관에 쭉 계시고요?

예슬 엄마　계속 있었죠.

면담자　　팽목으로 매일 가보시고요?

예슬 엄마   팽목으로 저는 매일 안 가고 진도에서만 있었어요. 왜
냐하면 그때 굉장히 어수선했어요, 그래서 이게 팽목에서 있는 어머
님들이 있었고 진도에 있는 어머님들이 있었고. 그러니까 진도에서
는 계속 방송을 했었고, 팽목에서는 어떻게 돌아가는지 막 양쪽으로
나뉘다 보니까…. 근데 예슬 아빠도 간간히 갔고 저는 계속 진도 그
체육관에 있었어요, 거기 계속 방송이 되고 그러니까. 저는 계속 진
도에 있었고 예슬 아빠는 팽목 왔다 갔다 하고, 그랬고.

면담자   동생은 계속 같이 있었어요? 예슬이 올라올 때까지?

예슬 엄마   계속 같이 있었어요. 걔는, 걔는 다른 동생들은 올라
간 친구들은, 왔다가 올라가고 학교 때문에도 그랬는데 얘는 "학교
고 뭐고 없대"요, 그냥 "자기는 무조건 있겠다"고. 얘는 계속 있었어
요, 언니에 대한 게…. 아무튼 계속, 세 식구가 계속.

면담자   동생이 언니가 어릴 때부터 자기를 챙겨줬으니까 더
정이…….

예슬 엄마   엄마 이상이었어요, 엄마 이상이었어요.

면담자   체육관에 있으면서 제일 기억나는 게 뭐가 있을까요?

예슬 엄마   (한숨을 쉬며) 지금 기억나는 거는, 처음에 16일 날 갔
는데, 그날 저녁은 아니었던 것 같아요. 그날 저녁이었나? 그다음 날
저녁이었나? 맨 처음 아이가 올라온 적이 있어요. 근데 이름이 뭐였
더라? 근데 지금 기억 남는 건, 그게 처음이었던, 기억에 남는 게, 무
서웠던 게, 아니, 아이들이 올라오는데 밤 12시가 되면, 그렇게 며칠

58

예슬 엄마 노현희

이 그랬던 거 같아요. 11시가 넘어서 12시 가까이 되면 그게 전광판이 이렇게 들어와요. "어떤 어떤 착용을 한 아이들, 어떤 느낌의 아이가 있다"고 이렇게 이렇게 쫙 나와요, 그게, 이렇게 하얀색, 그거 영화 틀 때 그거에서. 근데 그게 너무 무서웠어요, 오밤중에. 그래서 부모님들이, 저는 지금 기억이, 내려가서 잘 수가 없었던 게, 처음에는 그 아이, 밤에, 낮에도 아니고 밤에, 오밤중에 안 좋게 된 아이들이 올라오는 거예요. 그중에, 그때는 그때 저기, 그 "산소 공간이 있었다" 그랬잖아요. 실낱같은 그 기대를 하면서 내 아이랑 비슷한 인상착의가 올라올까 봐 잠을 못 잤어요. 잘 수가 없었어요. 밤에 11시, 12시에 그거를 올리니까. 그 기억 하나 하고…. (잠시 침묵)

그냥 계속 바랬던 것밖에 없어요. 그게 하루, 이틀, 사흘 가고 나서 예슬 아빠가 딱 그러더라구요. 그 전에는 "우리 희망 놓지 말자. 우리 예슬이는…" 그랬는데 한 3일 정도 되니까 예슬 아빠가 딱 그러더라구요, "예슬아, 예슬 엄마. 우리… 예슬이가 이제 빨리 오기만 바래야 될 것 같애…". 그 말하는데 본인은 얼마나 슬펐겠어요. 저도 그게 무슨 뜻인지 알죠. 그래서 그때의 기억은 마음으로 기도했던 것밖에 없어요. '빨리 이뻤던 모습으로', 그래서 진짜 제가 종교가 없으니까 근데 그때 진짜 하느님을 엄청 찾았어요. '하느님, 우리 아이만 빨리 오게 해주면 내일서부터…' 딜을 한 거죠(웃음). '이제부터 정말 하느님 열심히 믿겠다'고 딜을 했는데, 딜이니까 안 됐던 것 같애요. 그리고 예슬이한테, 그것도 안 되니까 예슬이한테 항상 빌었어요, '밝은 데만 보고 찾아오고…'. 어두울 거라고 생각을 했어요, 바닷속이니까. '밝은 빛만 보고 빨리 오라'고, '엄마, 아빠 냄새 맡고

59
•
1회차

빨리 오라'고 빌었던 그 기억밖에 없어요.

진도 그 시간이 지옥이었기 때문에 기억이…, 막 아수라장이었어요. 어느 날은 부모들끼리 울고불고, 어느 날은 막 정부에서 와가지고 멱살 잡고, 어느 날은 기자들, (웃으며) 기자들한테 우르르 몰려가서 막 멱살 잡고, 나중에는 아이들 올라올 때마다 통곡 소리밖에 안 들리고…. 근데 그러고 또 나중에는 아이들이 올라오니까 엄마들이 울어야 되잖아요. 근데 그 순간에는 너무 기쁜 거예요, 내 아이가 빨리 왔다는 게. 그랬던 기억밖에 없고…. 아, 그 시간이, 거기서 있던 일주일이 도대체 무슨 일이 있었나…. 제대로 기억…, 그냥 이런 것들만 기억이 나요.

면담자　　박근혜 전 대통령이 왔을 때도 계속 진도체육관에 계셨겠네요?

예슬 엄마　　어, 있었죠. 다 봤죠, 다 봤죠.

면담자　　어떠셨어요, 느낌이?

예슬 엄마　　느낌이요, 그때? '구해줄 거'라고 생각했어요. 그때는 살아 있을 거라는 실낱같은 믿음을 계속 주는 상황이었기 때문에, 산소통을 어떻게 넣고…. 아아, (한숨을 쉬며) 이제 우리 아이들이 그때는, 그 박근혜가 왔을 때는 다들 그랬어요, 부모들이, '그래, 설령 내 아이가 아니더라도 다른 아이래도 살아만 있어주면 좋겠다'. 왜냐면 그때 그 상황을 알아야 하니까…. 그리고 그때는 이제 그때는 한마음이었던 것 같아요, '내 아이가 아니더라도 제발 살아 있는 아이라면 빨리 구조됐으면 좋겠다'. 그래서 저는, 저희는 그때는, 박근혜 왔을 때 '아, 이제 살았다'. 그리고 그때는요, 밖이 어떻게 돌아가는지, 밖에서 어떤 뉴스가 나오는지 저희 몰랐어요. 뉴스 보고 있을 시간도 없었고 무슨 얘기가 어떻게 돌아가는지 아예 몰랐어요. 그래서 박근혜가 처음에 왔을 때는 '이제는 살았다' [했죠]. 웬걸? 다 속은 거죠(웃음).

면담자   그때 일부 가족들은 앞에 나가서 고성을 지르고 그러기도 했었죠?

예술 엄마   네, 네, 그랬어요. 거기 해수부에서 계속 말장난을, 산소통을 어떻게 넣고, 나중에 보니까 그게 정말 들어갔는지 안 들어갔는지도 모르지만, 산소통을 어떻게 넣고 뭐 계속 말이 바뀌고 그러니까…. (잠시 침묵) 그때에 기억이, 박근혜가 왔는데, 박근혜가 너무도 당당하게 서 있고, 걱정해 주는 것 같은 표정으로 서 있고, 해수부 그 노란 옷 입고 해수부 그 장관들이 두 손을 딱 모으고 옆에서 서가지고…. 그때 어떤 부모 한 부모님이 영상 있잖아요. 조그만 TV 하나였거든요? "이게 말이 되냐? 우리가 어떻게 돌아가는지도 알고 해야 하는데 이게 말이 되냐?" 그랬더니, 박근혜가 그 누구였는지는 기억이 안 나는데, 뒤에 있던 장관인지 해수부 직원한테 "여기 큰 비디오로 당장 바꾸라"고 그러니까 이 사람이 너무도 정중하게 "네, 알았습니다" 그러더니 다음 날 바로 바뀌었어요. 그래서…, 고성이야 당연히 나올 수밖에 없는 상황이었어요. 내 아이들이 그러는데 누가 대통령이, 박 대통령이 왔다고 고분고분하게 듣는 말만 하겠어요. 어머님들 성격이, 아버님들 성격이 다 틀린데, 강하게 나가는 분들이 있었을 테고…. 그래도 그때는 '그래도 왔으니까 그래도 됐을[될] 거라' [생각했죠], 그리고 그다음 날 TV가 바뀌었으니까. '아, 살릴 수 있겠구나' 했는데 점점점점 이상했던 거죠, 점점점점.

면담자   그러다가 이제 청와대로.

예슬 엄마   "가자", 그날 거기서 "가자". 왜냐하면 저는 애들 아빠가 오기 전에 몇몇 가족이랑 그 민간 어선이 있었어요. 근데 그때 거기까지 데려다줬어요, 그때 몇 가족이었지? 몇 가족을. 그래서 저는 거길 갔어요, 애들 아빠 내려오기도 전이고 다른 식구들은 가 있기 전에. 근데 배가 이렇게 뒤집어져 있는데 제가 언뜻언뜻 듣기로는 "막 와서 구조를 하고 그런다"고 들었어요. 근데 그때가 해가 저문, 저물었을 때도 갔지만, 저물기 전에 갔었거든요. 근데 너무도 파도도 진짜 잔잔해요. 그리고 아무도 구조를 안 해요. 이게 그냥 진짜 배 뒤꽁무니만 안 있으면 '여기서 무슨 일이 있었나?' 싶을 정도로 너무도 조용해요. 아무도 구조를 안 해요, 아무도. 저는 그거를 봤거든요? 몇몇 가족들도? 근데 그리고 그날 저녁에 이제 큰 어선으로 해서 많은 가족들이 간 거예요. 근데 저는 진짜 그 큰 배, 저는 배 여행을 해본 적이 없어 가지고 배가 그렇게 클 줄 몰랐어요. 근데 갔는데 딸랑 잠수하시는 분이 두 분 있었어요, 딸랑 두 분. 그런 거를 이제 가족들이 계속 보니까 "이거는 구조를 하고 있는 게 아니다" 그래 가지고 "이래 가지고는 우리 애들이 올 수 없다, 가자" 직접 우리가, 그땐 박근혜가 대통령이었으니까 "직접 가서 얘기하면 되지 않나, 가자" 이랬던 거죠. 우리가 시간이 지나면서 보니까 귀로 들리는 거와 우리가 보는 거, 밖에서 사람들이 알고 있는 보도들이랑 우리가 지금 보는 게 너무도 틀린 거예요, 그게 있다 보니까 보이니까.

면담자　　그 행진할 때가 야간인데 예슬 아빠, 예슬 엄마, ○○이 다 갔어요?

예슬 엄마　　저, ○○이랑 저는 가다가, 예슬 아빠가 중간에 "[체육관으로] 가 있어" 그래서 저희는 중간에 가다가 어머님들이랑 왔고, 이제 더 강하신 분들은 그 진도대교까지 갔어요, 갔어요.

면담자　　그래도 아무런 변화가 없다는 걸 아시게 된 거네요.

예슬 엄마　　가기 전부터 변화가 없다는 걸 느낌으로 알았는데, 그래서 가려고 했던 건데. 아니나 다를까 막아버리니까, '아, 진짜 이거는 뭔가가 이상하구나' 이렇게 되어버린 거예요. 그렇게 됐던 거죠.

면담자　　간단한 거지만 확인만 드리면, 16일 날 도착해서 민간 어선을 빌려서 몇 가족이 사고 해역으로 가신 건데, (예슬 엄마 : 갔어요, 해가 있을 때) 그때는 누가 소개를 했습니까?

예슬 엄마　　아니요. 이게 소개가 된 게 아니라요, 도착을 했는데 이제 일찍 도착한 부모들이 저랑 몇 분이 있었어요. 근데 그때 누구 어머님인치도 아버님인지도 생각도 안 나요. 어떤 분이, 그 한 분 TV에 나왔더라구요. 민간 잠수 하시는 분이었던 거예요. 근데 그분이 딱 그 얘기를 했었어요. 그때 그 얘기를 했었어요, 그 몇몇 가족들한테. "우리가 들어가려고 그러는데 막는다", "우리가 들어가서 구조를 하겠다. 배가 이렇게 꽁무니가 있을 때, 이제 찌그러지려고 할 때" 그랬더니 해수부에서 못 들어가게 막았다고. "이건 뭐, 정말 이거는 말이 안 된다" 그러면서 그분이 아시는 분이 낚싯배 같은 거 같아요, 기억이. 그래 가지고 저희를 데리고 갔는데, 가서 해가 있을 때니까 잘 보이잖아요. (한숨을 쉬며) 끔찍하더라고요. 아니야, 그때 해가 없었나 보다. 약간 어두웠어요, 너무너무 추웠던 기억이 나는 걸 보니까. 그러고 나서 이제 가족들이 오고 또 그쪽을 또 간 거죠. 그때는 많이 갔었어요, 큰 배로.

면담자　　　제일 먼저 사고 해역으로 간 그 민간 어선에 어머님이 동승하셨던 거군요.

예슬 엄마　　근데 너무 경황이 없어서 막 뭐가 어떻게 됐는지, 두서는 없지만 큰 아우트라인적인 기억은 그래요.

면담자　　　진도체육관에서 봤던 공무원들, 해경을 포함해서, 인상이 어떠셨어요?

예슬 엄마　　정말요, 제가 거기에 갔는데 저는 생존자 애들을 봤어요. 진도가 어떻게 되어 있냐면 입구에 딱 들어가면 앞에 이제 강단이 있고 아이들이 이쪽에 다 있었어요. 그때 제 기억에 애들이 남색 체육복 같은 거, 남색 옷을 다 입고 있었거든요, 제 기억에. 가면 애들이 다 젖어가지고 막 오들오들 떨 것 같았어요. 근데 갔는데 애들이 옷을 다 갈아입었던 것 같아요. 그러니까 하나도 안 젖었어요, 그리고 옷도 거의 비슷했고. 그리고 앞에 해수부 사람들 있었고, 한쪽에는 그 생존자 명단, 애들 이름이 쫙 있었고…. 근데 제가 그쪽에 가서 보니까 우리 아이가 없는 거예요.

근데 여기 생존자 있는데 A라고 아이가 있어요, 생존자 아이 중에. 내가 애들이 막 섞여 있으니까 "2학년 3반이 어디냐?"고 물어봤어요. 바로 있더라구요. "너는 2학년 3반이니?" 저는 사실 일을 하고 그러느라고 애들 친구, 예슬이 친구도 많이 못 봤어요. 그러니깐 "너희가 2학년 3반이니?" 그랬더니, "네, 저희가 2학년 3반이에요", "나 예슬이 엄만데 우리 예슬이 어딨지?" 그랬더니 마침 예슬이랑 가장 친했던 A라고 있더라구요. "어머니 예슬이 바로 나올, 바로 올 거예요. 제 바로 뒤에 있었어요", 딱 그러더라구요. "예슬이 뭐 입고 있었니?" 근데 걔도 기억, 경황이 없으니까 얘길 했는데 나중에는 다른 옷이더라구요. 또 애가 또 갈아입었더라고요, 친구들 거랑, 빌려서 오기도 하고. 그리고 또 금방 올 거래요.

그래서 제가 해경한테, 그 해수부 직원들한테 가서, 노란 옷 입은 직원들한테 가서 물어봤더니 섬이 다 여러 개가 있어서 애들이 그쪽으로 가서 모아서 온대요. 그래서 맨 처음에는 그런가 보다 했는데 거기 있는데, 누군가가 언뜻, 그 해수부 직원이었던 것 같아요, 지나가면서 "애들 여기 있는 애들이 다래". 이 얘기를 들은 거예요. 그래서 제가 그 강단으로 올라갔어요. 올라가서 그 해수부 직원 높은 사람들이었던 것 같아요. "뭐 하나 물어보자"고, "우리 애들 여기 있는 애들이 다냐"고, "올 애들 없냐?"고, "헬기 타고 온다고 했는데 올 애들 없냐?"고 그랬더니 말을 못 하고 피하더라구요, 슬금슬금. 말을 안 했어요. 근데 이 사람들이 올 아이들이 없다는 걸 알았는데 말을 못 한 것 같애요. 그러고 나서 이제 우르르 어머님들이 왔는데 그때까지도 [다른 부모들은] 몰랐어요. 저는 '올 애들이 없다'라는 거를 저는 분명히 들었고 인지를 했고, 어머님들이 와서 "우리 애들 온다고 했는데 언제쯤 오냐?"고 그래서 제가 어머님들 몇 분한테 "여기 올 애들이 더 없대요" 그랬더니 이제 난리가 났었죠. 그랬더니 진짜 맞더라구요. 올 애들이 없더라구요.

면담자　인상착의가 스크린에 이렇게 나오는 걸 보았을 때, 비슷한 아이들이 있어서 혼란스럽고 한 적은 없으셨나요?

예슬 엄마　아니요. 저는 비슷한 애라고 한 번도 착각을 한 게, 아, 할 수 없었던 게, 저희 예슬이가 목걸이를, 중학교 때부터 항상 했던 [목걸이에 새겨진] 날짜가 20090815, 그리고 ○○이는 또 날짜가 틀린 목걸이를 항상 하고 있었어요. 그게 뭐냐 하면 우리 애들이 딸이잖아요. 근데 제가 결혼하기 전부터 우리 애들이 커서 나중에 정말 여자가 되는 그날에, 그러니까 이런 말씀 드려도 되는지 모르겠지만, 그 '첫 생리를 하면 정말 어떤 걸 해주면 좋을까' 생각을 항상 했어요. 뭐 꽃도 해주는 사람도 있고, 그런데 저는 그게 싫어서, 우리가 이렇게 시간이 지나면 날짜를 잊어버리잖아요. 그래서 '아이들에게 날짜를 항상 보여주고 싶다' 싶어서 그날을 목걸이로 해가지고 만들어줬었어요, 똑같이. 근데 ○○이 요놈은 항상 그걸 끊어먹어요. 근데 예슬이는 중학교 때부터 한 번도 빼본 적이 없어요. 그래서 '분명히 우리 예슬이가 올라오면 이변이 있지 않는 한 목걸이가 분명히 나올 거다'라고 생각을 했고, 그래서 착각해 본 적이 없었고….

　근데 막상 저희 예슬이가 딱 인상[착의]… 그게 올라왔을 때 목걸이가 안 나오고, 그냥 인상착의에다 옷을, 제가 A라는 학생한테 입었다는 걸 들은 거랑 그것만 생각하다 보니까, 옷이 틀려진 걸 생각을 못 한 거예요. 당연히 생각을 못 하죠, [그래서] 지나갔어요, 나중에 보니까. 근데 ○○이 친구가 팽목항에 있었던 거예요. 근데 지나가고, 몇 번 지나갔는데 느낌은…. ○○이가 그러더라구요, "엄마, 언니 같애". 근데 제가 봐서는 "아니야, 언니 아니야", 내가 그랬거든. 그래서 그 번호를 지나버렸어요. 그런데 전화가 오더라구요. ○○이한테, ○○이 친구한테, "○○아, 너네 언니 목걸이 하고 있다 그랬지?" 그러는 거예요. 그래서 "어" 그랬더니, ○○이 친구는 팽목항에서 올라오는 언니, 오빠들을 본 것 같아요, 느낌이. 누워 있는 거를 본 것 같아요, 그 어린 애가.

"○○아, 나 언니 하나를 봤는데 숫자 목걸이가 있어" 이러더라구요. "근데 숫자가 2009 몇 번인 것 같아? 숫자가 뭐야?" 그래 가지고, ○○이가 얘기를 해주니까 "나 그 목걸이 본 것 같애" 이러는 거예요. 그래 가지고 "엄마, 언니야 언니", 그래 가지고 이제 거기 바로 가서 확인을 하니까, 거기서 이제 예슬 아빠랑 가서 확인을 하는데 이러는 거예요, "이 학생 충치 치료를 하고 치과 치료를 했"대요. 근데 치과 치료했었거든요. 근데 순간에 당황되니까 예슬 아빠랑 저랑 "우리 예슬이 치료한 적 없잖아. 우리 아니야, 우리 예슬이 아닌가봐". 그러니까 이게 '빨리 왔으면' 하면서도 부정하고 싶었던 마음? 근데 좀 있다가 "목걸이를 하고 있다"라고 그러는 거예요, 20090815. "우리 예슬이"라고, 그렇게 해서 보게 된 거죠.

면담자　　　○○이는 참 어렸었는데도 (예슬 엄마 : 중학생) 3살 차이면 중학교 2학년이죠? 아주 침착하게 잘 대응을 했던 것 같아요.

예슬 엄마 　　　네, 굉장히 침착했어요. 굉장히 침착했고, 마지막에 이제 저는, 이제 아이들이 다 오고 나서 부모님들에게 가서 아이 보라고 하는 시간이 있었어요. 그때 한 30명 부모님이 같이 들어가야 되니까, 진짜…. 저희는 전쟁 세대가 아니잖아요. 저는 그 많은, 심장이 멎은 아이, 아이들을 저도 보기가 힘든데, 그래서 "보지 말라"고…. 그리고 그때가 일주일이긴 했지만, 그때가 막 이제 물은 차가웠지만 봄이었잖아요. 그래서 제가 그랬어요, ○○이한테, "○○아, 언니가 예전에 네가 기억하는 이쁜 모습의 언니가 아닐 수 있어. 그러니까 안 보는 게 낫지 않아?" 그랬더니 자기는 "그래도 괜찮다"고, "무조건 보겠다"고 그래서 마지막 언니 볼 때 (잠시 침묵) 같이 들어갔죠.

　　　근데 더 아이러니한 게, 저는 아이들이 이렇게 딱 들어가면, 입구가 이렇게 있으면 일로, 이리로 입구였어요, 기억에. 이렇게 지나가고 이렇게 지나가고 세 줄인가 네 줄이었어요, 아이들이. 우리 예슬이가 첫 번째 줄에 맨 끝에 있는데 저는 그걸 스치고, 우리 애를 찾느라고 스치고 가버렸어요. 제 새끼면 눈에 확 들어와야 되는데 안 들어왔던 것 같아요. 근데 예슬 아빠가 제가 스치고 다른 데를 가니까 "예슬이 여기 있잖아"라고 하는데, 맨 끝에 있더라구요. 그래서 ○○이는 마지막을 다 봤죠. 근데 다행히 예뻤던 모습 그대로였어요. 아주 담담하게 침착했어요, ○○이는.

　　　근데 맨 나중에 침착한 게 무너진 게, 이제 빨리 아이들을 데리고 DNA를 해야지만, 내 아이라는 게 확인이 되어야지만 가서 장례를 치를 수 있는데, 일주일이라는 시간인데 조금만 더 있으면 정말 우리 아이들 모습이 잘못될 수가 있는 시간이거든요. 그래서 막 보고 확인만 하면 바로 그 목포병원으로 가서 DNA 검사하고 바로 안산으로 가게 했었어요. 근데 다른 애들 다 갔는데 우리 예슬이가 못 갔어요. 이유가, 침착하던 ○○이가, 나중에 이제 사람들이 와서 데리고 가려고 드니까 그거를 붙잡고 못 들고 가게 하더라구요. 정말 슬퍼도 슬퍼도 그렇게 슬픈 드라마가 없어요, 정말. "우리 언니 절대 못 데려간다"고 그렇게 울고불고 매달리더라구요, 맨 나중에. 근데 결국은 이제 가긴 갔죠. 근데 그래도 어린 나인데 정말 침착했어요, 침착하고….

9
장례 절차

면담자　　　그러면 세 식구가 목포 한국병원에 가서 DNA 검사를 하고 안산으로 바로 움직이셨겠네요?

예슬 엄마　　　네. 그래도 그때가 맨 처음에는 아이들이 막 올라왔을 때는 막 그 기관들도 막 분주했어요. 어떻게 해야 될지를 모르겠고 막 여기 갔다가, 아이들 부모님들이 아인 줄 알고 갔다가 내려왔다가 그랬는데, 한 일주일쯤 되니까 딱딱 체계가 잡혔는데, 고 때가 딱 좋았던 게 뭐냐 하면, 빠를 수밖에 없었던 게 뭐냐 하면 굉장히 예민할 때였어요. 그래서 그 전에 막 시행착오 있던 것들이 한 일주일 정도 되니까 그땐 시행착오 없이 딱딱딱 하려고 되게 노력을 했던 것 같아요. 그래서 아이 나오자마자 바로 목포로 가서… 아이 확인시켜 주고, 바로 데리고, 그때는 또 항상 안산에서도 운전하시는 분들이 항상 대기를 해주셨어요, 그 응급차도 대기가 되어 있었고. 그래 가지고 바로 그날 그렇게 기다리는 시간 없이 바로 왔고, 또 장례식장도 그 전에 안산이 장례식장이 정말 자리가 없었어요, 애들이 계속 와야 되니까. 근데 와서 몇 시간 만에 이제 바로 끝난 아이가, 이렇게 돌려보낸 아이가 있어서, 한 3시간인가 4시간 기다렸다가 바로 저희 아이하고…. 그래서 아주 많이 기다리진 않았어요, 다행히.

면담자   올라올 때는 앰뷸런스를 타고 올라왔습니까?

예슬 엄마   아빠가 예슬 아빠가 앰뷸런스에 탔고 저는, ○○이랑 저는 뒤에 따라서 자가, 그, 택시 타고 왔고.

면담자   장례식장은 어디였어요?

예슬 엄마   저기, 저기 갑자기 생각이 안 난다. 여기 선부동에 있는 한도병원이요.

면담자   한도병원에서 그러면 3일장 하고…, 어른들도 오시고 되게 힘드셨겠어요?

예슬 엄마   힘들다는 게 어떤 부분이 힘들다는, 몸이? 아니면 정신력이?

면담자   정신적으로.

예슬 엄마   몸도 정신도 다 힘들었어요. 그 시간도 어떻게 갔는지 모르겠고, 그건 '힘들다'고 표현이 아니라 그냥… 뭐가 뭔지…. 맨 처음엔 눈물이 안 났어요. 실감이 안 난다 그럴까? 미안할 정도로. 내가 내 새끼가… 저기 저렇게 사진으로 있는데 눈물이 안 났어요. 실감이 안 났… 던 거 같은 느낌? 그래서 미안했어요, 눈물이 안 나서. 슬퍼서가, 안 슬퍼서가 아니라… 그만큼 경황, 몸도 마음도 경황이 없었던 것 같아요, 그만큼.

면담자　　　예슬이를 이제 팽목에서 처음 얼굴을 보고 그리고 목포에서도 얼굴을 봤겠죠? (예슬 엄마 : 봤죠) 그리고 데리고 올라와서 한도병원에서 얼굴 보고, 근데 그럼에도 불구하고 예슬이가 없다는 것이 실감이 안 날 정도로….

예슬 엄마　　　분명히 [예슬이가] 없는데, 눈물이 안 났어요. 그러니까 그게… (침묵). 아우, 모르겠어요. 그게 실감이 안 났어요. 실감이 안 났던 것 같아요. 내가 내 자식을 위해서 상복을 입고 있다는 게 실감이 안 났고…, 그랬던 것 같아요.

면담자　　　그러면 뭐 하객들도 꽤 오셨을 텐데 (예슬 엄마 : 네. 많이 왔죠) 인사하고….

예슬 엄마　　　인사를 했나 뭐 기억도 없어요(웃음). 했겠죠, 했겠죠.

면담자　　　발인 전에 염하고 이런 거는 보셨어요?

예슬 엄마　　　했죠. 근데 그… 저희는 이제 어머님이 불교라고 그랬잖아요. 다니시는 절에 여자 스님이 일부러 와서 염을 해주셨어요. 왜냐하면 거기다 맡기면…, 그래도 아, 여자잖아요, 그리고 한창 이쁠 나이고. 근데 염을 하면, 안 그래도 험하게 차갑게 그렇게 있었는데 모르는 사람이 와서⋯. 애들 아빠가 그랬어요, "아무리, 마지막인데 모르는 남자가 와서 염할 때는 다 옷을 벗기고 막 닦이고 그러는데, 그러는 게 싫다"고. 그래서 그 스님이 와서, 여자 스님이 와서 해주시는데 못 보게 하더라구요, 염하는 거를. 근데 그러니까 겉은 우리 예슬이가 멀쩡했어요. 근데 알고 봤더니 "머리 뒤쪽이 충격에 의해서 문제가 있었다" 그러더라구요. 그래서 염하는 건 못 보고, 다 끝나고 이렇게 예쁘게 누워 있는 모습은 당연히 봤죠.

면담자   동생도 그때는 괜찮았고요?

예슬 엄마   그렇죠, 동생도 또 그 모습도 봤고.

면담자   그리고 이제 화장을 하고 장례 치르고, 그건 일반적인 과정이니까. (예슬 엄마 : 다 똑같은 과정으로)

10
투쟁에 참여한 과정

면담자   이제 집에 돌아오셨을 텐데, 그때의 느낌이 좀 어떠셨나요?

예슬 엄마   그때도 실감이 안 났어요, 집에 들어왔는데 예슬이가 들어올 것 같고⋯ (침묵). 처음에는 예슬이가 없다는 게, 그냥 허전한 느낌이었던 것 같아요. 그냥 그런 것 있잖아요, 뭔가 친척들, 친척들이 우루루 왔다가 가면 집이 허전한 것 같은. 그리고 나서 든

게, 예슬이가 금방 올 것 같고, (잠시 침묵) 그 방에서 했던 하나하나 일상적인 행동이 계속 보이고…. 그러니까 여길 돌아보면 예슬이가 이 행동을 했던 게 기억이 나고 그랬죠…, 금방이라도 올 것 같고. 그때는 그냥 밤마다 자면서 바랐던 건 딱 그때도 두 가지였던 것 같아요. 두 가지밖에 없었어요. '이대로 깨지 않았으면 좋겠다'라는 생각, 그리고 또 하나는 '깨고 나면 너무 지독한 꿈을 꿔서 예슬이가, 그래서 예슬이한테 꿈 얘기하면서 "너무 엄마 슬펐다"고 말할 수 있는, 깨고 나면 꿈이었으면 좋겠다'는 두 개…. 그랬죠.

면담자　　며칠간은 아예 집에서 나가지를 못하셨겠네요?

예슬 엄마　　나갈 생각도 안 했고, 안 했죠.

면담자　　그럼 얼마나 쭉 집에 계셨어요?

예슬 엄마　　(침묵) 음… 집에서 계속 있었던 것 같아요. 계속 있다가 (울며) 8월 달인가? 4월에 그러고 7월인가? 아무튼 좀 일이 있었어요. 그래 가지고 예슬 아빠가, 그때, 그때가 가장 ○○이도 힘들고 저도 힘들고 예슬 아빠도 각자가 너무 아프니까 완전 곤두서 있을 때였던 것 같아요. 그러던 와중에 일이 있어 가지고 침울 자체였죠. 침울한 그거는 숨 쉬, 숨소리도 내기, 아휴 (한숨을 쉬며) 아무튼 지 간에 다들 꾹꾹 누르고 최고였던 것 같아요. 그러다가 9월 달에 너무 이른데, 예슬 아빠가 저 때문에, ○○이도 그렇고 아무 일도 못 하더라구요, 무슨 일이 생길 것 같애 가지고. 그래 가지고 9월 달이 아니라 그해 말, 10월인가 11월에 "너 그냥 네일아트 하던 거 해". 그래서 저도 '이러다가 집에 있으면 우리 ○○이까지 문제가 생기겠다' 싶어 가지고, 또 예슬이가 저 그 일하는 걸 좋아했고 그래서 '나가자' 그래 가지고 고잔동에다가 그냥 혼자서 하는 숍을 하나 차렸어요, '숍인숍'이라고 해서 다른 미용실 끼고. 잊어보려고, 그렇게 했었죠. 그 전까지는 안 나갔어요.

면담자   계속 집에만 계셨나요? (예슬 엄마 : 예) ○○이는 학교를 다니고요?

예슬 엄마   ○○이는 학교를 갔죠. 언니 그리고 나서 학교를 가야 되니깐 학교 가고….

면담자   꽤 많은 유가족들이 안산으로 올라오고 난 다음에 5월 초에 KBS 항의 방문하고 청와대까지 행진하는 일들이 있었어요.

예슬 엄마   그럴 때는 저도 같이 조금씩 움직였죠.

면담자   아마 안산에서 버스 타고 KBS 앞에 갔을 거예요. 아, 그때는 같이 가셨네요.

예슬 엄마   네. 그리고 또 도보로도, 도보로도 걷는 것도 하고, 중간에 가다가 제가 이제 발목이 예전부터 안 좋아 가지고 삐끗한 적이 있어서, 그래서 갔다가 저는 반 정도 가다가 돌아오더라도 할 수 있는 선에서는 하긴 했었죠.

면담자   그런 거를 처음 해보셨을 거 아니에요?

예슬 엄마   처음이죠. 우리 부모님들도 뭐 노조 그런 데서 하지 않고, 그런 다음에는, 대학교 때 데모 같은 거, 저희 때는 그렇게 데모도 심하지 않았으니까, 처음이죠.

면담자   구호를 막 외치고 그랬을 거 아니에요? 어색하고 그러셨겠네요?

예슬 엄마   초기니까…. 근데 어색했지만 다른 부모님들이 하기 때문에 괜찮았어요, 그렇게 해야지 되는 때였고. 그때는 완전히 그렇게 할 수밖에 없었던 게 저희 아이들이 힘들게 숨이, 넘어질 때, 멎을 때, 정부에서 한 게 아무것도 없는 거를 저희는 아니까, 그건 진짜 억울했거든요? 그래서 그때는 했어야지만 됐었죠. 이게 아프든 말든, 마음이 아프든 말든 그때는 한 힘이라도 보태야 하는 상황이었고….

면담자   그리고 집에 들어가면 다시 우울한 (예슬 엄마 : 당연하죠) 분위기로 있다가, 그리고 또 가협[4·16세월호참사가족협의회]에서 무슨 일이 있다고 하면 또 나오시고 이러한 일이 반복이 됐겠네요?

예슬 엄마   네, 계속 반복, 반복.

면담자   7월이 되면 국회에서 장기 농성 드디어 들어가고 (예슬 엄마 : 네, 갔었죠) 조금 있다가 광화문 농성… 그리고 청운동까지 했지 않습니까? 그럴 때도 다 부분적으로는 참석 (예슬 엄마 : 네, 했었죠) 국회에는 얼마나 계셨어요?

예슬 엄마   국회에는, 거기서 이제 그날 가서 그날 오는 사람들이 있었고…. 그게 국회가 하루에 한 게 아니었잖아요. 갔다가 내려왔다 또 가고, 거기서 이제 또, 거기서 다시 결의가 돼가지고 노숙하고 텐트 치고 그런, 자고 그랬었잖아요. 그랬을 때 저는 올라갔다가 맨 처음에 다 내려왔다가, 그다음 이제 올라가서 내려올 사람들은 버스가 항상 있었어요. 내려오고, 거기서 이제 있을 사람들은 있었고, 그래서 예슬 아빠는 거기서 있었고 저는 ○○이가 있잖아요. 학교를 가야 되고 또 ○○이를 혼자 놔둘 수 있는 상황이 아니거든요. 담담하지만, 그 어린 게 참는 거니까. 그래서 저는 같이 어머님들, 부모님들이랑 하다가 오고 오고 그랬던 게, ○○이가 있어서… 오고…. 대신 이제 그 나중에까지 연장되거나 해야 되는 거는 예슬 아빠가 했구요.

면담자   국회 농성이 실제로는 119일 동안 진행이 됐어요. 그때 사정이 있는 어머니들은 버스로 출퇴근 농성을 했었지요. 어머님은 출퇴근하면서 ○○이를 돌보고 농성에 참여하고 하는 거를 병행하셨네요.

예슬 엄마   거의 그 밑에 동생들이나 학생들이 있는 집들은 저처럼 그렇게 했었죠.

면담자   국회에 계시면서 어떤 느낌이 있었어요? 국회도 물론 처음 가보셨을 거고.

예슬 엄마   네. (한숨) (침묵) 저희가 그렇게 농성을 하는데, 저녁 때도 국회의원들이 퇴근하는 거를 봤어요. 근데… 그때에도 그런 걸 느꼈던 것 같아요, '쉽지 않겠구나'. 그 막 세단 같은 차들이 즐비하더라고요, 퇴근하려고. 그러니까 진짜, 근데 그때 국회의원들이 저 제가 갔을 때는, 그 이후에는 모르겠는데 제가 갔을 때는 누구 하나 나와서 말 거는 사람이 없었던 것 같애, 제가 갔을 때는. 근데 그다음에는 나와서 저기도 하고 그랬더라구요. 근데 그 국회의원들 보고 '쉬운 길이 아니겠구나'라는 생각을 그냥 어림잡아서 했었죠.

면담자   그 시기가 제일 격렬했던 시기예요. (예슬 엄마 : 아유 맞아요) 그때 박근혜가 대국민담화를 발표하고 했었거든요. 아까 어머니 말씀이 "진도체육관에서는 '대통령이 와서 좀 살려줄 거'라고 생각했다"고 말씀하셨는데, 박근혜가 대통령으로서 대국민담화를 발표한다든지 하는 것에 대해 어떻게 생각하셨어요?

예슬 엄마   그때 안 믿었었죠. 그때는 아마 우리 가족들은 다 알았을 거예요, 눈물 흘리고 그러는 게 정말…. (잠시 침묵) 그때쯤에 어떤 일이 있었냐 하면, 그 국회를 이제 그, 그 국회 가거나 뭐를 하거나 그래도 이 박근혜가… 그러니까… 아우, 어떻게 설명을 해야 되지? (잠시 침묵) 뭔가를 숨긴다는 거, 그러니까 이제 뭔가가 문제가 있다는 게 계속 보였었어요, 계속 보였었어요. 그래서 박근혜가 울고 그래도 저희들 부모들이 굉장히 그 '어우, 울어서 어떡해' 이런 게 아니라 굉장히 반감이 많았던 부모들도 많았어요. 하는 건 없는데 저렇게 이제 보여지는 건, 저렇게 보여지고 국민들은 또 그런 모습만 보고 그러니까, 그래서 그때도 가족들은 크게 동요를 하지 않았던 것 같아요. 특히 그 생각을 저는 왜 했냐 하면, 그런 게 많이 나왔었잖아요, "그 많은 애들이 구명조끼를 입고 있다는데" 이런 말 있잖아요, "왜 구할 수가 없냐?"는 등 얼토당토않은 말을 하니까. 저는 그때도 '저 눈물이 어떤 눈물일까'라고 생각을 했던 것 같아요. 근데 사실 그러면서도 한편으로는 '진상 규명이 될, 되어질 수도 있지 않을까'라는 실낱같은 희망?

면담자   대통령의 움직임에요?

예슬 엄마   네, 우니까(웃음). 그니까 계속 그랬던 것 같아요. 4월 16일 이후로 기대, 분노, 매달렸다가 또 실망하고, 막 그게 반복이 됐던 것 같아요, 기대를 했다가 실망하고. 그러니까 부모님들이 더 강렬해질 수밖에 없었던 게 그런 것 같아요, 더더더 강해지게 하지 않으면 안 될 거라는 거를 직감적으로 다 아시니까. 그리고 심지어 다른 데서는 그랬어요. "단원고 부모님들 너무 착하다"고 그랬었어요. 뭐냐 하면 "다른 단체나 이런 데 같으면 정말 이 정도로 끝나지 않는다"고 그랬어요. 근데 "저희들이 할 수 있는 선에서는 진짜 강하게 한다"라고 했는데 어떤 분들은 "이렇게 해서는 안 된다"고, "단원고 부모님들 너무 유하다"고 그랬거든요? (면담자 : 누가?) 그때 누군가가 그 얘기를 했었어요. 누군가가 그 얘기를 해서 제가 그 얘기를 들었었거든요, "더 강하게 요구해야 되고 더 강하게 가야 된다"고. 그런데 그때 왜 그런 얘기가 나왔었냐 하면, 저희가 맨 처음에 그 4·16협의회 임원, 그 맨 처음에 했던 분들이 틀렸잖아요. 그리고 그 나중에 지금하시는 분들이 나중에 하셨던 분들이잖아요. 근데 고 시기 때쯤 고 처음에 막 어설프게 경황없는 사이에서 조사, 진상 조사를 하자고 했었던 그분들이 거의 이제 마지막 갈 때, 그러니까 그 시점이었던 것 같아요. 고 때 처음에는 저희가 [정부에서] "해줄 거야, 해줄 거야" 그래서 처음부터 저희가 나가서 하고 그러지 않았잖아요. 그리고 진도에서도 저희 딴에서는 한다고 했지만 그게 막 강하지는 않아 보였었나 봐요. 누군가가 그 얘기를 했는데 누군지는 모르겠어요.

면담자 네일아트숍을 내서 시작하신 게 그러면 대체로 9월, (예슬 엄마 : 10월 정도) 10월 정도. 그러면 이제 농성 끝나고 그럴 시절이네요.

예슬 엄마 네. 근데 농성은 끝났어도 사실은 굉장히 하는 일이 많았죠, 부모님들이. 근데 저는 그때부터는 그냥 네일숍에서 박혀 있었죠(웃음).

면담자 그때 또 전국에 (예슬 엄마 : 서명받으려고) 특별법을 만들라고 서명받는 것을 반별로 돌아다니면서 했잖아요. 그때도 가셨습니까?

예슬 엄마 간 적이 있었고, 안 간 적이 있었고.

면담자 갔을 때 서명대를 이렇게 펼쳐놓고 서명해 주라고 외치기도 하고요. (예슬 엄마 : 네, 했어요) 그게 되게 어려웠을 거 같은데요?

예슬 엄마 아니요, 안 어려웠어요. 다른 부모님들이 다 하시고….

면담자 소리를 질러가면서요?

예슬 엄마 네. 그때는… 해야 된다는 그게 강했거든요? 왜냐하면… 음… 궁금하잖아요. 의문이 많이 들잖아요. '왜?' 자꾸 그게 떠나가지 않아요. 그냥 문구에 '왜'라는 게 그냥이 아니라 다른 부모님도 다 똑같지만, '왜 우리 아이가 그렇게 돼야 됐고, 분명히 움직일 수 있는 시간이 있었는데 왜 이럴 수밖에 없었나'라는 게 있으니까, '정확히, 100프로 맞지는 않더라도 그 궁금증을 어느 정도는 해소가 되어야 된다'라고 생각을 했기 때문에 그때는 어렵지 않았어요, 그때는. 서명해 달라고 저희가 구호만 외친 게 아니라 들고 다니면서 사인, 이제 우리 특별법 팸플릿 같은 게 있잖아요. 그것도 드리고, 아니면 그 사진, 배 그런 것 들고도 있고, 이렇게 드리면서 "사인해 달라"고 얘기하고 그랬을 때, 음, 어렵지 않았어요, 그때는.

면담자   어느 지방을 가셨어요?

예슬 엄마   제가 기억하는 게 저 저기 저기 저기 전라도, 저기 있잖아요. 전라도, 민속 거리 있잖아요. (면담자 : 전주) 전주도 갔었구요. 또 한 군데 어디지? 저는 두세 군데밖에 안 갔어요. 대군가? 두세 군데밖에 안 갔어요, 저는. 3반이 되게 많이 갔는데 애들 아빠가 거의 갔고, 저는 그때 또 일도 시작을 한 그것도 있었고, ○○이도 있었고 그래 가지고 저는 두세 번밖에 안 갔어요.

면담자   대구 같은 데 갔을 때는 힘드셨겠네요?

예슬 엄마   힘든데, 대구 분들이 되게 3반 부모님들을 되게 많이 챙기시더라구요(웃음).

11
네일숍을 운영하면서의 경험과 감정

면담자   네일아트 시작한 얘기로 잠깐 가면요. 처음에 어쨌든 숍을 차려도 사람이 오면 네일아트를 해줘야 할 것 아니에요? 그게 되게 쉽진 않았을 것 같아요?

예슬 엄마   쉽지 않은 게 아니라 제가 착각을 했던 게… 뭐래도 일을, 예슬 아빠도 착각을 했던 게 뭐냐 하면 '일을 하다 보면 고 시간엔 잊어버리겠지', 그래서 애들 아빠가 "나가"라고 했고 했는데, 그게 참 잘못된 생각이… 사람을 만나서 해야 되잖아요. 심지어 교수님이 말씀하신 대로 웃어야 될지 울어야 될지…, 또 그때는 또 오시는 분들이 세월호에 대해서, 한참이었기 때문에 말이 많으세요. 또 제가 그렇다는 걸 아는 분도 있고 모르는 분도 있고…, 근데 모르는 분들은 와가지고 좋은 말만 하는 게 아니에요. 그러면 그날은 가가지고, 그날은 가서 "내가 왜 이거를 해서, 내가 미쳤다"고 막 울고 불고 막 그러다가, 또 차린 거니까 또 가요. 그러면 가서 또 지나가는 애들 앉아서 보다 보면, 아, 너무 힘들었죠, '내가 이걸 왜 했지? 정말 안 하고 싶다'라고 생각할 정도로. 근데 해놨으니 가기는 가고, 그래서 진짜, (잠시 침묵) 그렇게 [20]17년도까지…. 제가 이제 그 접었었거든요. 이제 17년도에 다 접었어요. 17년도? 아니 18년도에. 그때까지 계속 계속 '내가 이거를 왜 했지?' 그러면, 와가지고 예슬 아빠한테 막 짜증 내고 화내고…, 혼자 막 찔끔찔끔 울고 장난이 아니었죠(웃음).

면담자   9월, 10월쯤 차리셨으면 빨리 차리신 거고, 용기 내서 하신 거고, '나가서 일을 하면 오히려 그것이 안정을 얻어가는 데 도움이 되리라'고 생각을 했었던 것인데 착각이었다 (예슬 엄마 : 착각이었어요) 이런 말씀이신데, 그렇다고 집에 쭉 계신다고 (예슬 엄마 : 나아질 건 없었어요) 더 좋았을 거 같진 않잖아요? (예슬 엄마 : 더 나빴을 거예요) 음…, 그러니까 결과적으로 보면 집에 계셨을 적보다는 좋은 선택을 하신 거고, (예슬 엄마 : 그죠. 네) 그럼에도 불구하고 괴로웠던 것뿐이죠?

예슬 엄마   그러니까 지금 이게 시간이 지나고 보면 받아들이게 돼요. 뭐냐 하면 내가 내 스스로 어떤 결정을 내릴 상황이 아니고 그럴 수 없다면, 살아는 가야 돼요. 근데 살아는 가는데, 아프죠. 생각나면…, 우리 아이가 있을 때는 우리 아이들의, 아이 웃는 모습을 보고 그 예쁜 모습을 보고 심장이 두근두근 뛰었다면, 지금은 생각만으로도 심장이 아려요. 그런데 그 아린 것도 내 삶의 일부가 되어야 되는 부분이더라고요. 그러니깐 일을 하면선 사실 맨 처음에는 '내가 이걸 왜 했지, 왜 했지'라고 생각을 했지만 시간이 지나면서 보면 그런 거 있잖아요. 내가 이렇게 도려내지 못하는 거라면 묻어둘 줄도 알고 한쪽에 간직할 줄도 알아야 되는데, 만약에 제가 혼자 집에 있었다면 이게 묻어두기보다는 계속 그걸 끄집어서, 막 그거를 곪아 터뜨리다 못 해…, 그렇게 했을 텐데, 저는 그게 본의든 타의든 간에 사람, 손님들이 오시면 아프게 하는 손님들도 있지만 또 그렇지 않은 손님들도 있어요. 이게 슬펐다 즐거웠다 반복, 그러니까 이게 차가웠다 뜨거웠다 이게 반복이 되면서 적정 온도가 찾아지듯이… 그랬던 것 같아요. 그러면서 묻어두는 법을, 어차피 제가 사람을 상대해야 되는 직업이잖아요, 안 할 수 없잖아요. 안 하면 교수님 말을 한, 말씀하신 것처럼 더 안 좋은 거고…, 어차피 내가 시작을 했고 그러니까 이제 묻는 법을 스스로 터득을 하게 되는 거죠, 살아가는 법, 묻고 살아가는 법. 그래서 교수님 말씀대로 더 나았던 거죠, 따지고 보면.

면담자   숍에 있을 때 예슬이가 어떤 순간에 어떻게 떠오르던 가요?

예슬 엄마   어떤 순간? 수시로? 수시로? 정말 거짓말 아니구요, 교수님. 손님이 와서 손님을 관리하는 시간이, 제가 아주 짧은 시간은 30분이에요. 긴 시간은 1시간, 보통 시간은 1시간 20분, 반, 그리고 좀 길면 3시간까지도 가요. 손님이 오는 고 시간에, 빼고는 (침묵) 다. 어느 순간순간이 없더라구요. 어느 순간순간이 없고, 손님들이 오는 시간 고 시간을 빼고는 다. 왜냐면 그 손님들한테는 제가 그분들에게 해드려야 할 서비스가 있기 때문에 그 시간은 그래도 이런저런 얘기를 하다 보면 생각이 나지 않, 이제 생각할 시간을 가질 수가 없어요. 그런데 손님들이 가면, 다, 그 시간이 다…. 처음에는 다 그랬어요.

면담자   예슬이와 함께했던 과거의 어떤 추억들이 장면처럼 떠오르셨어요? 어떻게 떠오릅니까?

예슬 엄마   짬뽕. 아침에 눈 뜨면요, 하루가 하루 일과가 예슬이가 없고 나서 어떻게 시작이 됐냐 하면, 하루 일과, 눈을 딱 뜨면서 예슬이…. 우리 예를 들어 아침 인사 하죠, '우리 예슬이 잘 잤나?'부터 시작이 되는 거예요. 그래서 숍에 나가서 순간순간에 날이 맑으…, 이제 날이 좋으면 '아, 이렇게 날이 좋은데 여행을 잘하고 있나' 아니면 '걷는 걸 싫어하고 다리가 약한데' 그런 생각을 하다, 손님이 오면 또 하다가 또 중간에 좀 틈이, 짬이 나면, 그러니깐 또 생각이 나고, 저녁에 이제 퇴근하는 길에서 또 생각을 하다가 저녁에 자면, 잘 때 예슬이랑 얘기를 하는 거죠, "아 우리 예슬이는 어떨까? 이 밤에 어떻게…'. 하루 일과가 그랬다고, 다람쥐 쳇바퀴…. 근데 그게 지치지가 않더라구요, 제가 멈추고 싶다고 멈추는 게 아니라.

이게 이제 그렇게 처음에는 그랬는데, 이제 시간이 지나고 제가 손님들이랑 상대를 하고… 묻, 묻으면서 손님들 대하는 방식을 따로 가지다, 그게 이제 약간 익숙해지니까 요즘에는 하루 중에 순간순간 이렇게 보면 날이 밝으면 '아, (한숨) 이렇게 날 좋은 날 우리 예슬이랑 이랬으면 좋겠다', 그리고 이제 뭐 하다가 또 잊어버리다가 순간에, 그러니까 마음에는 항상 있는데…. (잠시 침묵) 이제는, 예전에는 오로지 24시간이 순간순간 빼면 그랬다면, 지금은 약간에 ○○이 생각도 하고 예슬이 아빠 생각도 하고, 틈틈이 틈이 생긴 거죠, 잊혀진 게 아니라. 그러면서 이제 그렇게 이제 살아가고 있어요, 그 마음을, 그 마음과 같이(웃음).

12
'박예슬 전시회'

면담자   예슬이 전시회 얘기를 좀 듣겠습니다. 처음에 언제 이야기가 시작이 됐어요?

예슬 엄마   제 기억에 우연찮게 예슬이가 그림 공부를 하고…, 우연찮게 그게 어떻게 통해서 됐는지…. 이제 예슬이가 예전에 항상 제 신발을, 예슬이가 이렇게 [발에] 살이 없어요. 그러니까 저는 일을 하니까 힐을 신을 때도 있고, 힐이 있잖아요. 그러면 어렸을 때부터 예슬이가 제 힐 신어보는 걸, 여자애들이 다 좋아하기는 해요, 커서도 힐을 신고 그 소리를 되게 좋아하고 그랬어요. 그래서 제가 신고 걸어가면 "또각또각 소리가 진짜, 엄마 구두 소리 좋다"고 막…. 근데 그런 거를 어디다가 얘기를 했는지 그게 어떻게 장영승 대표님 귀에 들어간 것 같아요. 하루는 장영승 대표님이 애들 아빠를 통해선가? "예슬이 전시를 한번 하고 싶다. 혹시 예슬이 그림이 있으면 볼 수 있냐?" 그래서 예슬 아빠가, 그 얘기를 해서 "응, 그러라"고 그래서, 대표님이 한번 오신 거죠. 이게 전시를 하려면 어느 정도 그림이 있어야 되잖아요. 그래서 장영승 대표님이 그렇게 인연이 됐던 것 같아요.

면담자   집으로 찾아오신 거군요? 어디선가 정보를 얻고서.

예슬 엄마   네. 예슬 아빠는 정확히 아는데 저는 그때 경황이 진짜 없어 가지고….

면담자   혹시 언제쯤으로 기억하세요, 대체로? 뭐 예를 들어서 따뜻할 때라든지 추울 때라든지.

예슬 엄마   아, 15년도일 거예요. 예슬 아빠 생일, 음력 생일이니까, 예슬 아빠가 음력 6월 며칠이거든요. 그러니까 한 7월 정도 됐을… 거 같아요, 느낌이, 시작이 된 게. 그게 7월인가 8월에 시작이 됐어요. 그러니까 예슬 아빠가 생일날 정말 이상하게 처음 전시회가 딱 오픈이 된 날이 예슬 아빠 생일이었어요. 네. 그러니까 6, 7월? 7월, 7, 8월이었던 것 같은데요? 네. 7, 8월.

면담자   여기서 어머니, 잠깐 또 쉬겠습니다.

예슬 엄마   네, 네.

(잠시 중단)

면담자   국회, 광화문에서 농성하고, 서명받으러 다니고 등등 진상 규명을 위해서 본격적으로 투쟁을 하는 그 와중에 장영승 대표가 아마 예슬이네 집을 찾아갔을 거예요. 구술 시간이 길어지고 하면서, 어머니가 지금 피곤하셔서 1년 정도 시간을 착각하셨나 봐요.

예슬 엄마   네, 예슬이 아빠 생일날 했던 거는 기억을 하는데, 그게 14년돈가 15년돈가….

면담자   예슬이 전시가 14년 7월 초니까, 두 분 다 예슬이를 잃은 슬픔에 휩싸여 있을 고 시점에 전시가 시작이 된 거거든요. 그래서 그때부터 다시 말씀을 나누면, 그래서 장 대표가 처음에 왔을 때 어떠셨어요? 그 얘기를 듣고?

예슬 엄마 　　그때 예슬 아빠가 그 얘기를 했을 때, 우선 예슬 아빠가 그 얘기를 하더라구요. "예슬이가 그림 그리고 그런 거를 하고 싶어 했으니까 예슬이를 위해서… 소원이라, 예슬이 꿈이라고 생각하고 해주자". 그래서 처음엔 진짜 그거였죠, "그래" [했지만], 그러니깐 그러면서 예슬 아빠가 했던 게, 저도 살짝 걱정도 하고, 예슬 아빠가 [걱정]했던 게, '그 많은 아이들이 소중한 자식이고 부모님들한테는 다 귀한 자식이고 대단한 자식인데' [하는 거였어요]. 저는 그것 때문에 살짝 망설이긴 했어요. 뭐냐 하면, 다 아프고, 그리고 고 때 그 당시는 내 아이 이름 한번 누군가가 불러주면 그게 되게 고맙고, 그거 하나가 되게 막 벅차고 그러는 땐데, '다른 부모님들 다 그런데 우리 예슬이라는 이름으로 예슬이만 그렇게 가면 그게 괜찮을까'라는 저는 좀 그런 걱정을 했었어요. 예슬 아빠도 그 걱정을 하고 그래서, '그러면 어떻게 하지? 다른 부모님들이 속상해하고 그것 때문에, 우리 그 행동 때문에 예슬이 욕먹으면 어떻게 하지?' 걱정을 했는데 예슬 아빠가 딱 그러더라구요, "지금은 내 자식 먼저 생각하자". 딱 그 말 한마디 했어요. 그리고 어떤 부모님들은 "그거 한다"고 얘기를 했을 때, 그렇지 않은 부모님도 계셨겠지만 마음은 다 틀리니까…. 그래서 맨 처음에 "우선 예슬이만 생각하자"는 그 말이, '예슬이가 그림을 그리고 싶어 했고 이렇게라도 꿈 이루게 해주자. 우리가 살아서도 아마 못 할 수도 있어. 우리가 살아서 해준다고 해도 못 할 수도 있어', 그래서 우선은 그것 때문에 했고…. 나중에는 부모님들 중에 그나마 감사한 말씀이… "예슬이 때문에, 예슬이 전시회 하나로 많은 사람들이 더 세월호라는 거에 대해서 더 많은 부분을 알게 됐고, 더 많이 받아들여지게 됐고 같이해 주신, 준 계기가 됐어"라고 말해주신 부모님이 계셨기 때문에, 나중에는 좀 더 '아, 하길 잘했다'라고 생각을 한 거구요.

면담자　　그러면 장영승 대표가 댁으로 와서 같이 찾았겠네요? 예슬이의 그림이라든지.

예슬 엄마　　모든 거를 찾았어요, 예슬이가 썼던 거. "예슬이가 어렸을 적부터 막 이렇게 그림 그리고 끄적끄적하는 거를 좋아했다"고 그랬잖아요. 노트에도 있고 뭐에도 있고, 그래서 예슬이의 모든 걸 다 가져왔죠. 다 보고 가셨죠(웃음).

면담자　　그래서 그거를 보고 골라서 장 대표가 가져갔겠네요, 전시를 위해서?

예슬 엄마　　네, 네. 가져가시기 전에도 의사를 물어보시더라고요. "이런 이런 거는 어떻고", 진행되면서 혹시라도 그분도 하시면서 저희한테 속상함을 주지 않을까 싶어서 그랬는지 몰라도, 다 진행되는 과정이나 이런 거를 다 얘기를 해주시고, "이런 거는 이렇게 하면 좋겠다"라고 하시고….

면담자　　처음에 예슬이 작품을 보고 작품을 고른다든지 이런 걸 할 때, 같이 보고 같이 상의를 하고 그러셨습니까?

예슬 엄마　　저는 모르죠. 근데 이제 그, 장영승 대표님이 기획 전시를 하시는 거니까, 그래도 기획 전시라도 뭐라 그럴까, 레퍼토리가 있을 테고 그런 게 있을 거 아니에요? 거기에 맞는 거를 이제 이렇게 한번 다 보시고 사진 찍어 가시고, 그래서 그거를 스탭[스태프]들이랑 의논을 하신 것 같아요. 그래서 이, 그거를 선정을 하신 것 같아요, 거기에 맞는. 그러고 취지 있잖아요. 우리가 하려고, 이제 장영승 대표님이 박예슬이라는 이름, 세월호 박예슬이라는 이름으로 하고자 했던 기획에 그 기획 의도가 있을 거 아니에요? 거기에 맞는 그림들이라든가 레퍼토리를 맞춰가지고 하신 것 같아요.

면담자   어머니, 아버님도 주목해서 보지 않았던 그림이나 이런 것들이 막 튀어나오고 했겠네요? (예슬 엄마 : 그렇죠) 예슬이의 어떤 그림을 보고 놀라셨다든지 한 것도 있었어요?

예슬 엄마   저는 예슬이 (웃으며) 그 집을 그린 게 있어요, 집 구조, 그 나중에 살고 싶은 집. 근데 그것 보고 좀…, 저는 그냥 그게 사실 그림 중에 하나고 낙서 비슷하게 되어 있어서 신경을 안 썼어요. 근데 어떤 분들은 그 그림을 보고 "'이렇게 넓은 집에서 살고 싶다'라는 포부를 가졌다 보다" 이렇게 얘기를 하니까 갑자기 띠용 하는 게 있긴 있었는데…. 그런 그림이라든가, 그림도 그림이지만 영상도 있었거든요. 거기서 이제 그냥 대수롭지 않게 들어갔던 건데, 이렇게 발… 물에 발을 담그고 걸으면서 "나는 이 물 느낌, 이런 느낌이 너무 좋아" 이런 영상도 있었어요. 그런 거 보면서 아, 그냥 스치고 지나갔던 것들, 그냥 낙서처럼 그 끄적였던 그런 것들을 아…, 다시 한번 저도 생각을 하게 됐어요. '얘가 이걸 그릴 때 어떤 마음이었지'라는 생각도 하게 되고, 그런 그림이 몇 개는 있었죠.

면담자   인상에 남는 게 그 그림 중에 화려한 하이힐 그림이 있잖아요. 그거는 보고 어떠셨을까요? 예슬이의 엄마에 대한 어떤 믿음, 사랑 뭐 이런 것들이 담겨 있는 느낌이었거든요, 저는.

예슬 엄마　　　저는요, 음…, 우리 예슬이한테 정말 고마웠던 게, 예슬이가 제가 일하는 일에 대해서, 그리고 또 제가 미용 쪽에 일이 일반 또 사무를 보거나 그런 분들이랑 틀리게 이렇게 개성이 있어요. 그렇게 해도 한 번도 저에 대해서 클레임을 걸어본 적이 없어요. 항상 예슬이가 했던 말은 "엄마, 이뻐. 엄마, 이뻐 이뻐". 그래서 예슬이 때문에 제 마음껏 일을 할 수 있었고, 또 그런 일 하는 저를, 나름 이렇게 막 꾸미고 다니는 저를 항상 좋아했어요, 예슬이가. 그리고 "나도 꼭 저렇게 할 거야". 그리고 아이 키가 크니까 저보다도 컸으니까, 제가 입었던 옷을 같이 입었어요, 고등학교 됐어도 과하고 그런 건 아니지만, 옷 스타일도 저랑 비슷하다 보니까. 그러면서 저를 굉장히 일하는 엄마라는 그거를 되게 높이 평가를 해줬어요, 딸이라서 그런 것도 있겠지만. 그리고 예슬이가 저는 그게 정말 예뻤어요. 기억, 항상 기억에 남는 게 예슬이가 이제 어렸을 때는 제 신발들을 신어보면 그냥 귀엽잖아요, 애기가 아장아장, 삐뚝삐뚝.

　　근데 고등학교, 중학교가 돼서, 고등학교가 돼서 이제 제 신발을, 걔가 245[cm]예요 발이. 저는 240이에요. 근데 예슬이는 발이 칼발이라 그러죠? 살이 하나도 없이 길쭉해요. 근데 신발을 신으면 얼추, 제가 신발은 240을 신는데 구두는 245를 신어요. 제 신발을 신잖아요? 맞아요. 근데 발이 살이 없으니까 저보다, 옆이 남아요. 근데 그 힐이라는 거는 발 뚱뚱한 사람이 신는 거보다 살이 없는 사람이 신을 때 진짜 예뻐요. 가끔 그런 생각을 했어요. '우리 예슬이가 나중

90

예슬 엄마 노현희

에 저렇게 신발 신고…' 상상도 많이 했어요. '자기가 하고 싶은 일을 커리어 우먼답게 할 때 아휴 정말 멋있겠다'라는 생각을 했고, 구두를 보면서 감사했고…. 그만큼 제가 밖에 일에 치중을 하다 보니까 아이들 어린 시절을 못 봐주고 아이들이 놀 때 같이 놀아주지 못하고, 제가 놀아준다고는 놀아줬지만 많이 부족했죠, 사실은. 감사했고 미안했고… 고마웠…던 마음이 더 컸던 것 같아요. 고마우면서도 너무너무 아쉽고 아팠죠. 그러니까 모든 감정이 이렇게 복잡, 이렇게 겹치는?

면담자   구두 그림은 전시회 나가기 전에 어머님은 보신 기억이 있으세요?

예슬 엄마   그럼요, 봤죠. 봤어요.

면담자   어머니도 좋아했던 그림인데 장 대표가 잘 뽑았네요.

예슬 엄마   근데 사실은요, 제가 힐 그림을 많이 좋아하진 않고 그거를 보면서 '참 우리 예슬이 사실적으로 잘 그린다(웃음). 나보다 그림 진짜 잘 그린다' 그렇게만 생각을 했어요, 그때는. 이렇게 그런 거 있잖아요, 제가 지나고 보니까 사람은 뭐든지 지나고 나서 돌아보게 되고 의미를 부여시키게 되고 의미를 찾게 되고. 근데 그때는 그런 의미를 부여하고 본다기보다는 '아우, 진짜 사실적으로…', 그리는 그림들이 다 그랬으니까. 그때는 그렇게 크게 막 그렇지 않았던 거 같은데, 막상 거기서 그 상황에서 그 그림을 보니까… 그런 생각들이 많이 생각이 났어요, 솔직한 심정으로. 모든 게 옆에 있을 때는 몰라요, 몰랐어요.

면담자   어머니의 삶과 또 어머니의 개성과, 예슬이가 어머니의 삶과 개성을 바라보는 느낌이랄까? 바램이랄까? 자기의 인생과 오버랩되는 부분, 그런 게 있었겠죠? 그런 것이 구두 그림에 잘 녹아 있다고 어머님이 느끼셨던 것 같고요. 그게 어찌 보면 부모… 엄마와 딸의 말 없는 대화? (예슬 엄마 : 그럼요. 맞아요) 그런 것이라고 제가 얘기를 좀 보탰습니다.

예슬 엄마   진짜, 진짜 그 표현이 너무…. 말 안 해도…. 근데 아마 우리 예슬이뿐만 아니라 우리 아이들 모두가 이제, 아 그런 돌아오지 못하는 시간이 없었다면 아마 그냥 모르고 살았을 거예요. 사는 데 갑갑하고 '이게 살아가는 건가 보다' 생각을 했을 텐데, 지나고 보니까 그런 일이 있고, 뭐든지 내가 끝마치지 않은 거에는 아쉬움이 남고 후회가 남고 그렇잖아요. 본의 아니게 끝나버린 거에 대해서는? 그게 그랬던 것 같아요.

면담자   전시장이 다 준비되고 전시회는 언제 가서 보셨어요?

예슬 엄마   첫날, 개관하는 날.

면담자   아마 7월 4일일 겁니다. 근데 완전히 준비가 되기 전에 사람들이 막 들이닥쳐 가지고 첫날 되게 곤란했었던 그런 광경이 신문지상에도 보도가 되고 그랬습니다.

예슬 엄마   아, (웃으며) 그랬어요? 제가 그거는 잘 몰랐어요.

면담자   첫날 가셔서 어떠셨어요? 전체가 다 전시돼 있는 모습을 보고요?

예슬 엄마 　　　근데 사실 그냥 솔직한 심정으로요, 저 그날 진짜 조심스러웠어요. 왜냐하면 아…, 제가 이렇게 꾸며진 데서 꾸며진 행동을 해야 되고 이런 걸 잘 못해요. 그냥 저는 제 마음 가는 대로 하고 마음 가는 대로 느끼고 싶고 그런데, 사실 그날은 막 언론사도 오고, 이게 이제 개관이라고 하다 보니까 제가 그냥 오로지 제가 그것만 보고 느낄 수 있는 그런 마음의 여유가 아니었고, 너무 거기서 슬퍼해야 될지 '이렇게 해줘서 정말 좋다'라고 해야 될지…. 그때는 사람들 얼굴 보기가 가장 무서울 때였는데, 그때 맞춰서 하다 보니까, 사실은 그날 당일 날은 감사하고 그런 마음은 있었는데, 제대로 우리 예슬이가 그렸던 거를 보고 그러기가 쉽지 않았어요. 짜여진 대로 해야 되고 그래서 그때는 사실 몰랐고, 그때는 좀 어색하고 정말 불편했어요. 정말 너무너무 불편했어요. 그리고 나서 그다음에 예슬 아빠랑 어머님이랑 갔을 때 그때는 제대로 봤죠. 첫날 개관했을 때는 감사하고 좋았지만, 오로지 '우리 예슬이가 이런 마음이었겠구나. 저거 보면 내가 마음이 더 슬프다' 이런 거는 그냥 몰, 모를… 느낄 수가 없었어요.

면담자 　　　그 뒤에 예슬 아빠랑 시어머니랑 갔을 때, 좀 찬찬히 보셨을 때는 어땠어요?

예슬 엄마 　　　그때는 이걸 그릴 때 그때 그… 고 때 고 시기에 느꼈던 거, 그다음에 예슬이가 마지막으로 그리다가 간 게 있어요. 하나는 완성을 못 했고 하나는 이제 그거를 그리려고 밤 12시가 넘어서까지 그리는 거예요. 근데 제가 지쳐서 전 그냥 자고, 그렇게 열정을 보였던 게, 그림 하나하나에…, 제가 못 느꼈던 그림도 있잖아요. '아, 이런 그림도 있었고, 아. 이런 느낌에 이런 그림을 그렸겠구나'라는 것도 느끼고, 그때 가서는 하나하나 본 거죠, 보고 색깔도 보고.

면담자   완성을 못 한 그림이 뭐였어요?

예슬 엄마   맨 마지막에 이렇게 구슬 같은 거, 이제 구슬 같은 건데 그거를 완성을 못 했더라구요. 그거는 완성을 못 했고 그래서….

면담자   서촌갤러리 쪽으로 가까이 가면 '박예슬'이라며 사진하고 크게 걸려 있었잖아요. 그걸 보셨을 때는 어떠셨어요?

예슬 엄마   그거 봤을, 솔직한 심정으로요, '우리 예슬이 대단하다, 엄마, 아빠도 못 한 거를. 우리 예슬이 얼굴 나왔네. 그리고 이렇게라도 해줘서 감사하지만 미안하다'는 마음? '우리 아이가 잘 자라서, 커서 이거를 했으면 얼마나 더 좋았을까'라는 생각 들면서 동시에 그렇게 예슬이란 이름으로 해주신 모든 그런 거에 감사 진짜 많이 했고…. 그러면서 '이 전시회로 안 잊혀졌으면 좋겠다. 내 아이뿐만 아니라 세월호라는 그 2014년 4월 16일 날 이런 일이 있었던 게 안 잊혀졌으면 좋겠다'. 솔직히 개인적인 욕심으로는 우리 예슬이라는 이름이 안 잊혀지고, 그래도 이렇게 했다는 게 좋았고…, 그거는 개인적인 부모의 욕심. 그리고 두 번째는 '이렇게 해서 그날이, 그 아이들이 이 대한민국에 존재했었다는 걸, 그렇게 올 수 없었다는 걸 안 잊혀지게 해줄 수 있으면 좋겠다'라는 생각을 했죠.

면담자   그 사진이요, 물론 사람마다 다 느낌은 다를 텐데 저는 처음에 서촌갤러리에서 한 20미터 거리에서 그걸 봤을 때, 아, 예슬이가 참 한편으로는 되게 맑으면서 한편으로는 뭔가 깊이 있는 표정이랄까? 그런 게 느껴졌어요.

예슬 엄마 　　그렇죠? 사실 그 그림, 그 사진이 뭐였냐면, 저는 그걸 보고 되게 마음이… 아… 막 시려요. 그 그림이, 그 사진이 예슬이가 16일 날 친구들이랑 배 위에서 찍은 사진이에요. 그러면서 친구들 이제, 이제 사진도 찍고, 또 바람이 부는 사진이 있어요. 근데 왜 그렇게 막 스산한 느낌 있잖아요, 뭔가 이렇게 막 따뜻하지만은 않은. 그게 [20]14년도 4월 16일 배 위에서 찍었던 사진들이에요. 근데 이상하게 교수님도 그렇게 보셨나 보다…. 저도 그때 그 배에서 찍은 사진들이 뭔가 바람이 부는 느낌? 그냥 제, 저는 다른 표현이 어떤 표현을 써야 할지 모르는데, 제가 느낀 거는 바람이 부는 거 같은 느낌 있잖아요, 차가운 바람이 부는 것 같은. 뭔가, 뭔가 있는 것 같은, (웃으며) 저도 그런 생각을 했어요.

면담자 　　사람들이 그 전시관을 정말 많이 갔어요. 사람들이 '아 저런 맑고 깊은 영혼의 소유자를 하늘로 보냈구나' 하고 생각을 하며…, 전시관 안에 들어가서 예슬이가 갖고 있는 상상력, 창작 능력을 보고 느꼈겠죠. 어머니, 아버지의 그 상실감과 비교할 수는 없지만, 이 한국 사회가 (예슬 엄마 : 아, 맞아요) '저런 아이들을 저렇게 바닷속에 수장을 시켰구나' 하는, 우리 자신에 대한, 우리 사회에 대한 부끄러움 같은 것을 그 전시회가 시민들에게 느끼게 해주었다고 저는 생각을 해요.

예슬 엄마   어유 맞아요, 맞아요. 교수님 말씀하신 것처럼 그게 그냥 만약에 아무 일 없는 상태에서 했다면 그냥 아이들이 그렸던 낙서고 그냥 입시준비를 위해서 그렸던 거고 그런데, 진짜 교수님 말씀하신 대로 저렇게 꿈이 있고, 이룰 수 있는 아이들이 갑자기 하루아침에 그렇게 되어버리니까, 그게 이제 많은 분들이 더…. 우리 또 한국 사회가 자식에 대한 그게, 아이들에 대한 게 강하잖아요. 그래서 더 많이 같이 아파해 주셨던 거 같아요.

면담자   홍보 팸플릿이라든지 이런 것들도 많이 나왔잖아요. 그거는 마음에 드셨어요?

예슬 엄마   아우, 전 무조건 좋았죠. 지금도 가지고 있어요. 한 묶음이에요, 두 묶음인가? 버리질 못해요. 그때 장영승 대표님이 주신 게 있어요. 그거는 아직도 있죠. 그리고 또 '진짜 모진 분들도 많지만 정말 따뜻한 분들도 많다'라고 생각했던 게 또 그런 거였고…. 뭐냐면 직접 가져가서서 포스터를 붙여주시고 가게에도 붙이고…. 그러니까 다 양면을, 이번 우리 아이들로 인해서 다 양면을 보고, 그 양면에서 중간을 찾고 또 막 그런 시간들이었던 것 같아요.

면담자   개관하는 날에 예슬이 아빠가 장영승 대표랑 TV에 둘이 나왔던 장면은 보셨죠? (예슬 엄마 : 전 못 봤어요) 아, 뒤에도 못 보셨어요?

예슬 엄마   네, 전 그냥 그, 밖에 있었어 가지고.

면담자   얘기만 들으셨구나?

예슬 엄마	네, 뭐뭐 하는 거만 멀리서 봤지, 저는 안 봤어요.
면담자	예슬 아빠가 TV 탄 건 처음 아니에요?
예슬 엄마	아마 그렇겠죠? 그렇죠, 탈 일이 없었죠.
면담자	그래서 엄청 유명해져 버린 (예슬 엄마 : (웃음)) 그 상황을 맞이했잖아요. 그때 느낌이 어떠셨어요?
예슬 엄마	아… 우리 예슬이 이름이 많이 알려졌다는 게 좋았구요. 이건 부모 사심? 그리고 또 좋고 두려웠고…. 왜냐면 '내 행동 하나하나가 잘못하다가는 예슬이뿐만 아니라 단원고 아이들에게 잘못하면 안 좋은 얘기, 안 좋은 걸로 얘기가 나올 수도 있겠다' 싶어 가지고 조심스러운 것도 있었고, 또 세 번째는 '사람들이 같이하려고 마음 써주시는 분들이 많구나', 힘, 힘이, 힘이 되어지는? 우리 부모님들이 아, 원동력이라고 그럴까요? 힘의 원동력이 되는 그런 것도 봤던 것 같고 그래요.
면담자	가까이에 있는 유가족분들이 많이 오셨습니까, 전시회에? (예슬 엄마 : 네, 오셨어요) 뭐라고 말씀들 해주셨어요?
예슬 엄마	"잘했다, 전시회 잘했다". 그리고 그 예슬 아빠한테도 "예슬이 전시회로 많은 분들이 더 알게 됐고 더 같이해", 그때는 저희가 그 특별법 그거 이제 진상 규명을 하기 위해서는 많은 분들이 함께해 줬어야 하는 입장이었고 그러니까, "잘했다"라고 얘기해 주시는 부모도 있었고. 또 그때는 이렇게 바람만 불어도 내 자식이 생각나서 다들 눈물짓고 아파할 때거든요, 내 자식 남의 자식 따로 없

을 때니까, 거기 전시에 와주셨던 부모님들은 예슬이 전시회를 보면서 내 자식을 떠올리는 거죠. 그러니깐 그림이랑 매치는 안 하지만 그 느낌을 계속 떠올리니까 같이 더 아파서 했던 분들도 있고…. "잘했다"라고 얘기하시고 같이 또 슬퍼도 해주시고 안타까워도 해주고, 다 한 마음이었던 거 같아요, 그때는.

면담자　　제가 정확하게 명칭은 기억나지는 않습니다만, 장영승 대표가 예슬이 전시 이후에 '꿈이룸학교' (예슬 엄마 : 네, '꿈이룸학교'였던 것 같아요. 네, 맞아요) 그거는 아마 계기는 '예슬이같이 이런 정말 맑고 깊고 재능이 있고 자기 미래에 대한 꿈이 있었던 그 아이들을 우리가 잃었으니까, 그 아이들은 하늘로 갔지만 다른 아이들이라도 꿈을 이루는 그런 교육을 해야 되지 않겠나', 이게 결국은 예슬이를 만나고 장 대표가 생각하게 됐던 우리 사회의 과제? 그 과제를 '자기가 일부라도 시행해 보겠다' 이런 거 아니겠었겠어요? 그래서 저는 장영승 대표가 생각했던 그 일을 예슬이 엄마, 아빠가 어떻게 받아들였을까? 그게 궁금했어요.

예슬 엄마　　'꿈이룸학교'요? (면담자 : 네) 저는 사실 솔직히 말씀드리면 '꿈이룸학교'까지 그렇게 교수님 말씀하신 것처럼 깊이 생각은 안 했는데 '아, 그럴 수 있었겠구나'라는 생각이 번뜩 드는데, 저는 그냥 그렇게 연관 지어서 생각은 안 했고, 아이들이 좀 더 자유롭게…, 그러니까 그 생각만 했죠. '꿈이룸학교'를 하신다고 그래서 저는 진짜 그 생각을 했던 거 같아요. 아이들이 어디에 얽매여서, 저희 그 단원고 아이들이 일반 대한민국의 고등학교였잖아요, 대학을 가기 위해서 공부를 했어야 됐고 학교에서 "하지 말라"는 건 규율에 의해서 하지 말았어야 됐고, 다른 이제 한국 정서에 맞춰가지고 타인 시선들을 생각해서 뭐 이렇게 뭐 눈에 띄게 행동해도 안 되고, 그러면 욕먹고 뒤에서 막 욕하고 그러니까…. 그랬지만 어느 순간에 그렇게까지 열심히 규율에 맞춰서 이 사회를 살아가고 있었는데, 어느 순간에 그게 다 무너져 버렸잖아요. 그래서 저는 그 생각만 했어요. '사람한테는 언제나 어떤 일이 생길지 모르는데 마음껏 청소년기에 실컷 놀고 자기 꿈을 펼치고 그럴 때 그걸 못 한 아이들을 위해서' 저는 그렇게만 생각했지 그 세월호 우리 아이들이랑 연관은 솔직히 생각을 안 했고, '아이들의 꿈이랑 마음껏 펼치고 누릴 수 있을 때 마음껏 누리게 해주고 싶으셨나 보다' 그 생각만 했죠. 그래서 '아, 장영승 대표님답다' 그 생각을 했어요, 그때는. 근데 지금 교수님 얘기하시니까 '아, 그럴 수 있었겠구나'.

면담자   아마 예슬이를 만난 것이 '꿈이룸학교'를 만들게 된 계기였을 것 같고요.

예슬 엄마   예슬이도 있고 시연이도 있고 하용이도 있고 그러니까….

면담자   시연이 그리고 하용도 (예슬 엄마 : 네, 다 뒤에) 했었고, 그때도 많이 기쁘셨겠어요? (예슬 엄마 : 어휴, 그럼요) 예슬이처럼, 아이들의 가치를 세상에 보여주는 그런 것들이니까…. 전시가 연말 정도에 아마 종료가 되었을 텐데, 그 종료될 때 느낌도 여쭙지 않을 수 없습니다. 아무래도 전시회가 성황리에 진행이 되다가 이제 전시를 내려야 되는 상황이지 않습니까? 어떻게 내리게 됐는지는 듣거나 기억하는 게 있으신지요?

예슬 엄마   그때 맨 처음에 할 때 무기한이라고 그거를 했었거든요. 무기한이라고 했었는데 그때 이제 마무리를 지을 때가 예슬이가 그, 이제 장영승 대표님도 그렇게 많이 오실 거라고 생각을 못 한 거고, 그렇게 오래갈 거라고 생각을 못 하신 것 같아요. 이게 본의 아니게 많아지고 오래갔어요. 근데 예슬이 말고도 해주고 싶은 아이들이 많잖아요. 그러니까 어느 정도 정리는 돼야 되는 시점이었고, 그래서 점점점 예슬이 부분을 좀 낮추고, 그 다른 아이들을 살리기 위해 이제 좀 아이들의 꿈을 이뤄주기 위해서 그렇게 하셨던 것 같은데, 제가 알기로는 그런데요?

면담자   전시회를 위한 기부금 그런 게 더 많이 들어왔으면 (예슬 엄마 : 맞아요) 더 오래 전시도 가능했을 텐데…. 서촌갤러리가 서촌에 딱 좋은 자리에 있는 곳이어서 대관료가 만만치 않았을 거고, 대관료가 마지막에 문제였을지도 몰라요. 무료 전시회를 했으니까, 그래서 적절한 선에서 마무리를 할 수밖에 없었던….

예슬 엄마   그 얘기를 들으니까 괜히 왜 이렇게 죄송스러운지, 아휴(한숨).

면담자   장 대표의 스타일상 (예슬 엄마 : 얘기 안 했죠) 얘기는 당연히 안 했을 거고…. 우리 사회에서 오해될 수 있는 지점들이 있을 거 같아서 제가 말씀을 전했습니다. 그 장영승 대표가 '예슬이 전시회 가지고 돈을 엄청 많이 벌었을 거'라고 생각하는 사람들이 있을 수 있거든요(웃음).

예슬 엄마   돈을(웃음). 입장료를 받거나 뭐 대관, 입장료를 받거나 뭐 그런 게 아니었기 때문에, 아, 그랬구나…. 저는, 아 (한숨을 쉬며) 마음이 갑자기 아프네요. 진짜 좀 무겁네요, 죄송스럽기도 하고.

면담자   전시했던 전시품들, 전시를 위해서 집에서 빌려갔던 것들 이런 거 좀 정리하는 게 되게 어렵거든요? 그런 거는 언제 어떻게 돌려받으셨어요?

예슬 엄마   정확한 날짜는 모르겠구요. 그때 전시 끝내신다고 그래 가지고, 그때는 제가 갔어요. 가니까 자원봉사 하시는 분들 되게 많았어요. 같이 처음 시작할 때도 같이하셨고, 처음에 시작할 때 걸고 그럴 땐 제가 모르니까 경황도 없었고, 근데 이제 마지막 끝나는 때는 저도 같이 ○○이랑 가서 마무리 짓는 거를 같이 도와드렸죠. 그래 가지고 이제 그림도 하나하나 다 포장해 가지고 다 주시고 또 거기에 전시할 때 마음으로 막 인형도 갖다 놓으시고 뭐 쓰고 그랬던 것들도 되게 많아요. 그거 다 가져왔어요. 하나하나 다 가져왔어요. 거기 그 포스트 붙였던 것 있잖아요, 그런 것도 가져오고. 그래서 다 같이 정리를 했어요, 가서.

면담자   아름다운 정리였네요(웃음).

예슬 엄마   (웃음) 감사한 정리죠.

면담자   집이 막 엄청 넓으시진 않을 텐데 그걸 다 갖다 놓으려면 공간이 다 됩니까?

예술 엄마　　　아… 아니요. 그 이제, 다 돼요, 장롱 위에도 올려놨고 (웃음). 그러니까 그림은 딱 딱 딱 딱 해서, 그때는 붙박이장이 아니었고 장롱이었거든요? 그래서 그 틈이 비어요. 거기다 딱딱 맞춰서 다 올려놨어요. 그리고 예슬이 거는 이제 두는 박스가 있어요. 거기에 맞춰서 다 했고, 심지어 거기 있던 인형 같은 거 있잖아요, 놓고 가신 거. 그런 것도 다 주셨어요. 하나하나 버릴 수가 없더라구요. 이게 그분들이 의미를, 마음을 놓고 간 거잖아요. 지금도 가지고 있어요, 버릴 수도 없고 다 가져다 놓고. 집이 인형 파티였어요. 그래도 다 가지고 있어요. 그래서 하나하나 마음이고 감사함이기 때문에, 예슬이만큼이나, 예슬이의 모든 걸 버릴 수 없듯이 그것도 버릴 수 없더라구요.

13
의왕으로의 이사

면담자　　　엉뚱한 사람들은 또 '그게 있으면 집에 들어갈 때마다 예슬이의 흔적이 보이니깐 그게 더 괴로운데 왜 그러고 계십니까?' 이런 질문을 하는 사람들도 있을 텐데….

예슬 엄마　　　있어요. 그리고 사실은 저희가 2월 13일 날 안산으로 다시 이사를 왔어요. 맨 처음에 안산에 살다가, 저희가 이제 의왕에 이제 집이 있었거든요. 그래서 사실은 더 안타까운 게, 예슬이랑 ○○이 저희가 이제 의왕으로 이사를 가고 전학을 시키려 그랬었어요. 근데 예슬이, ○○이가 싫다고 그래 가지고, 사실은 '이번에 수학여행 갔다 오고 여름방학 때 의왕에서 같이 다 가서 생활을 해보자. 그러면 애들도 좀 익숙해지면 전학할 수 있지 않을까' 계획을 그렇게 세웠었거든요. 그런데 이제 오질 못한 거고…. 그래서 의왕으로 이제 이사를 갔어요. 도저히 이제… 안산이 참 미우면서도 미워할 수 없는 안산이에요.

그러다 보니깐 이제 의왕으로 갔는데, 거기는 진짜 들어가는 데에 입구부터 다 붙여놨었어요, 예슬이, 4·16에 대한 거, 아이들 전체 나온 거…. 오히려 봐야지, 봐야지 계속 한두 번이라도 그 아이들을 기억할 수 있고. 내 자식은 물론 기억을 하죠. 하지만 내 아이만큼 중요한, 다른 아이들도 소중하고 안타깝잖아요. 아이들 사진 하나하나 이렇게 스쳐 지나가듯 보다 보면 참 아깝고 참 이쁘고…. 그러니깐 그렇게 말하시는 분도 있어요, "너무 이렇게 붙여놓고…". 근데 저희는 그게, 이사 오기 전까지 그게 이상하지 않았고, 오히려 그게… 그냥 '부모로서 할 수 있, 해야 되는 일'이라고 생각을 했고….

근데 ○○이한테는 살짝 미안했어요, 근데 다행히 ○○이가 한국에 없었기 때문에. ○○이는 사실 그때 나이도 어렸고, ○○이가 가장…. 그런 얘기를 하거든요, "한국에서는 사람 만나는 게 너무 무서웠다"고. 왜냐면 우리 한국 사회는 만나면 가족 관계도 물어보고 막 그러니깐. 근데 얘가 언니가 있는데 '없다'고 얘기할 수도 없고 '있다'고 얘기할 수도 없고, 세월호 얘기하면 이상하게, 그게 어떤 눈빛인지 모르게 쳐다보고…. 근데 이제 ○○이가 있을 때는 예슬이 거를 막 붙이면서도 사실 미안하긴 했어요. 예슬이한테 [아니] ○○이한테 좀 지울 수 있는 시간을, 그러니깐 걔도 묻어두는 방법을 배워야 하는데, 그 어린아이가 느끼는 아픔은 또 저희 어른이랑 부모가 느끼는 거랑 또 틀릴 텐데…. 하지만 예슬이가 크니깐, 그 그거에 대한, 크니깐 감행을 했죠.

근데 2월 13일 날 선부동으로 다시 이사를 왔거든요. 화랑유원지 옆에? 여기 와서는 예슬이 공간, 예슬이 박스…, 이게 본다고 생각을 안 하고, 안 본다고 뭐 문제가 생기고 그런 건 아니더라고요, 항상 있기 때문에. 여기 와서는 또 ○○이가 자주는 안 오지만 ○○이가 나중에 왔을 때도 그렇고, 생각해서 딱 공간을 해서 예슬이 거를 모아두는 공간을 만들었고…. 전에는 그런 얘기 하시는 분들 많았지만, 부모이기 때문에 할 수밖에 없었고, 부모라서 할 수 있는 부침이었고…. 후회는 안 해요.

면담자   안산에서 이사를 가신 게 한 2015년 봄인가요?

예슬 엄마   아니요. 이사를 어떻게 된 거냐면 저희가 맨 처음에, 그러니깐 어떤 부모님들은 그 집에서 계속 아이들을 그리면서 속상해하면서 그렇게 하는 그런 부모가 있고, 아파하는 거를 그냥 받아들이는, 그렇게 하시는 부모가 있고, 저희는 예슬이랑 ○○이랑 같이 살던 그 집에서 숨이 막혀서 예슬 아빠가 못 살겠다고 하더라고요. 저도 물론 마찬가지지만, 그 적막함이라는 게…. 그래서 진짜 급하게 그 옆에, 그냥 "거기만 벗어나자"고 해서 그 옆으로 이사를 가 버렸어요, 그냥 쪼그만 원룸 비슷한. 그냥 알아볼 그것도 없이 바로 맞은편으로, '거기만 벗어나면 되겠지' [하는 생각에요]. 근데 뭐 그거,

그거는 그냥 그 순간의 그거였지, 저희가 그거를 계속 가져가야 되는 된다는 그거를 나중에 깨달은 거죠. 그러고 나서 의왕으로 이사 간 건 16년도예요. 16년돈가? ○○이 고등… 학교… 고등학교 1학년 때까지 여기 다녔으니깐.

면담자   그럼 17년이겠네요? 3살 터울이니깐 고2 때 갔으면.

예슬 엄마   네, 고 때 맞춰가지고 이사를 간 것 같아요. 학교 그만두고, 다른 거 공부, [외국] 나가서 공부 뭐를 할까 생각하려다가, 생각하려고 그럴 때, 그러니깐 17년도 [초]? 16년도 말, 말에….

면담자   그럼 이제 ○○이는 고등학교는.

예슬 엄마   1학년까지만 다니고.

면담자   1학년 말에 이제 그만두고?

예슬 엄마   네, 그만뒀어요.

14
○○이의 진로

면담자   대단하네요, 그거 쉽지 않은데. 의왕에 이사 가서 혼자 준비를 해서 그다음에 다른 길을 선택한 거네요?

예슬 엄마   어… 의왕으로 이사를 가고 ○○이랑 저랑 캄보디아를 갔어요. (면담자 : 두 분이?) 네, 예슬 아빠는 (웃으며) 여기서 있고.

그래서 거기서… 어… 한 8개월? 아마 살았어요. 그러다가 들어와서 ○○이가 이제 자기가 스스로 이제 길을 생각을 하고 판단을 해서, 자기가 알아봐서 이제 '공[부하러] 가야겠다' 준비를 했는데, 그때 당시에 '백석대학교' 있잖아요. 얘가 고 시험을 대학을 들어가야 될 때였어요. 근데 얘는 대학을 갈 생각을 안 했고 자기는 이걸 준비를 해서 가야 되는데 주변에서 대학을 다 가니깐 자기가 가야 될 것 같은 생각이 들었나 봐요. 그러니깐 그래서 그 입시, 지원 마감 하루 전인가? 거기에다가 지원서를 냈어요. 근데 합격이 된 거예요. 그래 가지고 거기서 한 몇, 1학기까지 다니, 다녔던 것 같아요. 백석대학교 다니면서 그 백석대학교 표지 모델 그것도 신청을 했는데 됐어요.

그래서 한두 번 장학금 받다가, 이제 얘가 이제 여름방학 때 말레이시아를 어떻게 어학[연수] 비슷하게 해서 한 달을 가게 된 거예요. 근데 거기서 얘가 [말레이시아] 테일러스대 호텔경영학과 그런 거를 이제 준비를 하는 과정이니깐 좀 눈여겨봤던 것 같아요. 그래서 이제 들어와서 바로 "엄마, 나 이렇게 이렇게 해서 이 길로 가. 그 대학을 가는 게 괜찮을 것 같애" 그러면서 했던 얘기가, "미국이나 영국이나 유럽이나, 뭐 유럽을 갈 수도 있고 있는데, 엄마 나는, 내가 공부를 하고 내가 뭔가를 하기 위해서 엄마, 아빠의 너무 큰 희생을 바라지는 않아" 그러더라고요. 그러니깐 말레이시아가 자기가 생각했을 때 딱 적정선인 것 같대요. 너무 많이 돈이 들어가지도 않고 한국보다 너무 적게 들어가지도 않고…. 그 대학교도 말레이시아에서는 말레이시아 대학 다음으로 좀 저기를 하니깐, 그래서 지가 알아서 간 거죠.

면담자 간 지 한 2년 정도 됐겠네요.

예슬 엄마 2년 거의. 2년은 다 안 되고 1년… 2년 가까이 되고 있어요. 벌써 그렇게 됐네. 2년 가까이 되고 있어요.

면담자 예슬이 동생이 말레이시아로 가고, 그다음에 이제 다시 2020년 올해 2월에 선부동으로 다시 이사를 오신 거네요. ○○이가 나름대로 자기의 길을 찾아서 참 멋지게 살아가고 있는 거 같은데, 그럼에도 불구하고 아직 어리잖아요. 보시기에 언니를 잃은 상실감 같은 걸 어떻게 극복하는 것 같아요?

예슬 엄마 ○○이 같은 경우는, 음… 얘가 이제 겪지 말아야 될 때 너무 큰 아픔을 겪어서, 한국에서… 있으면서는 너무너무 그게 보일 정도로 힘들어했어요. 그러니깐 자기도 원하지 않지만, 감정기복이 너무 심하고 그게 되게 많았거든요. 근데 ○○이가 극복하는 방법은 우선 첫 번째는 그거였던 것 같아요, 저도 그 생각을 했고. 여기가 아닌, 여기를 잠시, 그러니깐 방법은 여러 가지잖아요. 근데 얘가 피한다기보다는 아직 살아갈 날이 많고 해야 될 게 많으니깐, 여기 한국에 있으면 원하지 않아도 들어야 되고 원하지 않아도 어느 순간부터 세월호라는 건, 어떤 일 큰 사건이 생길 때마다 세월호라는 단어는 나오고, 그러면 생각이 나는 거고…. '그러면 여기를 잠시 벗어나는 게 우선 맞다'라고 생각을 한 것 같고, 그게 또 맞았고요.

그리고 또 ○○이가, 예슬인 그림을 잘 그리잖아요, ○○이는 글을 잘 써요. 예슬이가 그림으로 항상 상을 받았으면 ○○이는 글

써서 상을 많이 받았어요. 그래서 ○○이 '인스타그램'이나 그런 거 보면 참 좋은 글귀가 많아요, 보면. 그래서 ○○이가 그걸 극복하는 방법은 그건 것 같더라고요, 보면. 책도 많이 읽고 혼자만의 시간 동안 그냥 막 빠져만 있지 않고, 혼자 책도 읽고 글도 쓰고…. 그러면서 한국이 아닌 다른 곳에서 다른 생활을 접하면서 거기에 충실하게 사는 거? 너무 빨리 어른이 된 것 같아요, 그런 거 보면. 그렇게 극복을 하고 있는 것 같아요.

면담자   한국에는 한두 번 나왔습니까?

예슬 엄마   네, 한 번, 한 번 나왔고. 이번에는 코로나 때문에 이제 아예 못 나오고…. ○○이가 그래요. 한번 물어봤어요. 제가 저번에 크리스마스 때 들어갔었어요. 며칠, 3, 4…, 4일인가 들어갔는데 물어봤어요. "○○아 너는 여기서는 안 외로워? 안 힘들어?" 하니깐 ○○이가 딱 그 얘길 하더라고요. "물론 엄마, 힘들고 외로울 때가 있지. 근데 한국에서는 한번 힘들고 좀 마음이 안 좋고 속상하고 외로우면 끝없이 끝없는 나라"이었대요. 그냥 빨려 들어가는 것같이 그랬는데, "엄마, 여기서는 물론 힘들고 외롭지만 소나기 같애" 이러더라고요. 그 얘기를 딱 하더라고요. 근데 그냥 그 얘기로, 그냥 그 아이의 마음이 다 느껴지더라고요. 그래서 '그나마 다행이다', 그 생각을 한 거죠.

면담자   이제 1회차 구술을 마무리하려고 하는데요. 예슬이 어머니, 아버지… 두 분 다 아이를 존중하고 자유롭게 자기 힘으로 커갈 수 있도록 하신 것이 예슬이의, 그냥 창의성만 있는 것이 아니라 깊이라 그럴까요, 그런 것의 기반이 아니었나 싶고, ○○이가 자기를 어릴 때부터 돌본 언니를 잃은 그 상실감이 엄청났을 텐데도 결국 말레이시아에 가서 그렇게 자립적으로 잘 성장할 수 있는 기반이었겠구나 이런 생각이 드네요.

예슬 엄마   아니 근데 사실은, 저는 어머님, 아버님한테 너무, 어머님은 돌아가셨는데, 너무 감사한 게, 그리고 정말 시기적절했다고 생각하는 게, 아마 제가 '저랑 애들 아빠가 계속 그 5년 동안이란 시간을 계속 같이 끼고 살았으면 엄마, 아빠의 정은 있어도 또 이렇게 애들이 밝으면서도 깊이 있고 남을 배려하는 마음을 가지고 못 컸겠다'는 생각을 해요. 근데 어머님, 아버님이, 이 조부모[의 아이들]에 대한 사랑은, 그리고 또 시골 분들이시잖아요, 굉장히 많은 거를 애들한테 줬어요. 자유로운 생각을… 고 한창 해야 될 때, 고 때 진짜 많은 거를 주신 것 같애요. 그래서 사실은 우리 예슬이, ○○이는 예슬 아빠나 저 때문이라기보다는, 시기적절할 때 본의 아니게 (웃으며) '어머님, 아버님의 그 영향이 더 많지 않았나' 솔직히 생각을 해요. 우리 아이들은 본의 아니게 고 때 맞춰서 잘 컸던 것 같아요, 따뜻함도 가지면서 자기 강함도 가질 수 있었고. 강함을 가진 건 미안하죠, 자립할 수밖에 없는 상황을 만들었으니간, (웃으며) 부모들이. 그거는 참 미안하죠. 좋지만은 않아요.

면담자   긴 시간 동안 수고 많으셨습니다. 마무리 말씀까지 잘 해주셨어요. 감사드립니다.

예슬 엄마   감사합니다.

2회차

2020년 4월 10일

1
시작 인사말

면담자   본 구술증언은 4·16 사건에 대한 참여자들의 경험과 기억을 기록으로 남김으로써 이후 진상 규명 및 역사 기술에 기여하고자 합니다. 지금부터 노현희 씨의 증언을 시작하겠습니다. 오늘은 2020년 4월 10일이며, 장소는 안산시 단원구 4·16기억교실 교육장입니다. 면담자는 김익한이며, 촬영자는 강재성입니다.

2
첫 번째 면담 이후 감정

면담자   어머니, 어제 긴 시간 같이 뵙고 오늘 또 이어서 구술증언을 하게 됐는데요. 어젯밤에 가서서 몸 아프시고 그러지는 않았어요? 제가 그냥 걱정이 되어가지고요.

예슬 엄마   아, 아니에요. 항상 그렇게 기억을, 몰라 뭐라 그럴까…, 기억을 끄집어내고 그런 거는 그날 이후로 항상 혼자서도 계속 있는 일이기 때문에, (잠시 침묵) 어차피… 제가 받아들여야 되는 그런 것들이기 때문에, 뭐 특별히 아프거나 그런 거는 없었어요(웃음).

면담자   그래도 초기에는 기억을 끄집어내서 말을 많이 한다든지 그런 날은 좀 더 힘들고 그러진 않았어요?

예슬 엄마   당연히 힘들죠. 근데 지금도 사실은 이렇게… 아이를 생각…을 굳이 끄집어내려 그러지 않아도, 이렇게 모든 생활에서… 이렇게 자연스럽게 떠오를 때가 있잖아요. 그럴 때 지금도 사실 굉장히 좀, 예를 들어 TV를 틀어서 뭐 세월호에 관련된 아니면 요즘 유튜브 같은 것도 많고 그런 걸 보다 보면, 그냥 차라리 안 봐요. 왜냐면 그게 보고 나면 어떤 반응이 저한테 올지를 아니까. 근데 1, 2년은 진짜 힘들었죠. 1, 2년, 3년 4년? 처음에는 진짜 그 뭐라고 표현 못 할 정도의 그런 감정들?

면담자   몸의 현상 같은 것도 좀 오셨어요?

예슬 엄마   그때 맨 처음에는, 항상 아이 꿈을 꾸면 항상 아이가 물속에서 뭔가를 한다거나 아니면… 아이가 되돌아서 가는 뒷모습을 봐야 된다거나 그런 모습들이죠. 그런 모습들이고, 어느 정도 지나서는 이제, 지금도 이제 가끔 꿈을 꿔요, 저는. 근데 지금은 이제 뭐 아이 어렸을 때, 근데도 항상 뭔가에 여운, 아쉽고 꿈속에서는 항상 안타까워요. 붙잡지 못해서 안타깝고, 다 안타까운 거…. 그리고 지금도 음…, 아이 생일이라든가 특히 또 4월 16일, 15일 정도만 돼도 (침묵) 그러니깐 이거는 어떻게 내가 다스릴 수 없는 그런 복받쳐 오는 감정들이라 그럴까요? 어떻게 통제가 안 되는…, 지금도 그래요, 그날이 오면. 그리고 또 이렇게 막 봄이 시작되고 막 이제 그러다 보면, 지금도 마찬가지긴 한데, 처음에는… 모든 게 꿈을 꿔도 아이고 뭐를 해도 아이…, 다 그랬었죠.

면담자   벌써 다음 주 수요일이죠, 아마? (예슬 엄마 : 목요일) 아, 목요일. 목요일이 이제 6주기인데 그럴 때면 평상과는 다른, 그 어떤 강한 강도로 뭐가 느껴지는 그런 거는 지금도….

예슬 엄마   아, 있죠, 있어요. 그걸 지금 뭐 묻어둔다고 하지만, 그게 억누르고 있다는 거를 제가 느낄 때가 있어요, 순간순간에. 그러니깐 묻어둬서 잘하고 있다 이거보다, 그냥 '누르고 있구나. 이게 폭발하면 어떻게 될까' 하는 생각이 들 때도 있어요. 똑같죠, 부모이기 때문에, 내 아이 일이기 때문에….

면담자   어제 이야기 나누고 나서, 집에 가서서 엄청 힘드신 거 아닐까 하고 걱정을 되어서 좀 여쭤봤습니다.

3
수색 중단과 인양에 대해

면담자   오늘은요, 직접 참여를 하셨건 참여를 하지 않았건 간에 2014년 하반기 이후의 굵직굵직한 움직임들이나 사건들에 대해 어머님이 어떻게 생각을 하고 계신지 간단간단하게 여쭙고 갈 거예요. 그리고 그 얘기가 끝나고 나면 어머니의 4·16 이전의 삶이나 생각들이 4·16 이후에 어떻게 변화하였는지를 여쭈려고 합니다. 첫 질문은요, 2014년 11월 초에 아이들 수색이 중단됐는데, 그때 어떤 생각이 드셨나요?

면담자   같은 부모 마음이니깐, 사실 부모라면 진짜 솔직히 그래요. 이렇게, 어… 시간이 너무 많이 흘렀기 때문에 온전한 아이를 마주하기는 정말 힘든 거는 분명히 알지만, 부모이기 때문에 그 '아이의 그 진짜 뼈 한 조각이라도 내가 거둬줘야 하는데' 하는 그런 마음은 당연히 있는데, 그때 수색이 중단됐을 때, 저희가 맨 처음에 그 진도에 내려가서 가장 부모님들이 시간이 지나면서 두려워했던 게 '내 아이의 이름이 나오지 않을까 봐' 그걸 나중에는 되게 두려워했는데, 사실 그 수색이 중단되면서 그 부모님들이, 또 저희가…, 그 저희는 그나마 아이들이 와서 왔지만 아프지만, 왔는데도 아프잖아요. 근데 그 부모님들은 그 어둡고 추운 데 내 자식이 있다는, 중단을 해야 한다는 그 심정을 생각하면 사실 어 뭐랄까, 아… (한숨을 쉬며) 그 또 '그분들이 느끼는 그 아픔은 저희가 알 수 없는, 저희가 느끼는 것보다 더한 고통이겠다' 싶어서 사실 마음이 되게 무겁더라고요.

그리고 중단을 결정을 할 때도 유가족분들이 나와서 기자회견을 하고 했는데, (면담자 : 미수습자 가족분들이) 그렇죠, 미수습자 가족분들이. 그랬을 때 그분들이, 그분들도 많은 생각을 했을 거예요, '우리가 여기서 중단을 해야지만 더 빠르게 움직일 수 있지 않을까' 하는 생각도 했을 테고. 그러니깐 많은 갈등 속에서, 또 마음은 그렇지 않았겠지만 어쩔 수 없이 내려진 부분도, 결정을 내렸어야 하는 부분도 있었고…. 그때… 굉장히 '우리가 아픈 거의 또 다른 아픔이 좀 플러스가 되겠다' 싶어서 사실은 마음이 많이 무거웠죠.

면담자   수색을 중단하는 거하고 연계되어 있던 것이 인양이거든요. 그런데 11월 초에 수색 중단하면서 정부는 인양을 선언하지는 않았어요. (예슬 엄마 : 네, 그랬었죠) 참 나쁘죠(웃음). 수색을 중단하고 바로 인양에 들어갔으면 그나마 이해를 할 수가 있는데, 인양이 2015년도 2월이 넘어 선언이 되었고, 실제로 인양과 관련된 작업이 진행된 것은 2015년 여름이 지나서니깐, 수색은 중단해 놓고 인양은 지지부진하게 진행되는 상황을 우리가 쭉 봤단 말이에요?

예슬 엄마   네. 저는 그때 참 놀랐던 게, 정말 그때 인양 얘기를 못 꺼내게 했던 이유 중에 하나가 그 큰 배를, 첫 번째는 인양을 하면서 우리 아이들이 혹시 밖으로 나갈지 모른다는 그것도 있었지만, (면담자 : 유실될까 봐) 네. 유실될까 봐 그 걱정도 있었지만, 그 큰 배를 인양하는 게… 굉장히 어렵고 힘든 작업인 줄 알았어요. 거의 불가능에 가까운? 그랬는데 그 인양이 되는 모습을 보고 '저렇게 할 수 있는 거였는데', 그리고 그 인양 기간이 길지 않았잖아요. (잠시 침묵) 그때 더 사실 더 억울했던 것 같아요.

면담자   상하이샐비지라는 중국 회사가 인양을 했는데, 인양이 안 돼서 지지부진한 기간이 엄청 길었어요. 그런데 2017년 박근혜가 쫓겨나고….

예슬 엄마   네, 탄핵되면서 바로… 진행이 됐잖아요. 그러니깐 이게, 그렇게 쉽게 되는 것을], 사실 그 인양을 하기 위해서 준비하는 과정들도 너무너무 지루하게 길었거든요, 그리고 저희가 알기로는 굳이 손대지 않아도 될 부분을 훼손을 시켜가면서. 근데 그때 진짜 아까 말씀드렸듯이 더 화가 나고 막 뭔가가 욱하고 올라왔던 게, 교수님 말씀하신 대로 박근혜 탄핵이 되자마자, 너무도 자연스럽게 당연히 올라왔어야 되는 게 그때서야 올라오는 게, '저렇게 올라올 수 있었는데…' 그 긴, 솔직히 우리가 살아가면서 1, 2년, 2, 3년은 짧은 시간이지만… (잠시 침묵) 뭔가를 간절히 바라는 사람한테는 너무나 긴 시간이거든요.

면담자   물속에 있는 아이들을 생각하면….

예슬 엄마   어휴, 그럼요. 그때 저희 아이들이 올라왔어도 함께
오지 못한 애들이 있었잖아요. 그때 많이 진짜, 정말 그때는 허무했
던 것 같아요. 정말 '이 나라에서 내 아이들에게 정도를 지키면서 살
아가라고 가르쳤던 건가' 하는 그런 허무함, 분통, 이런 게 많이 터졌
던 것 같아요.

면담자   지금 말씀은 결국은 기술적으로 어려워서 못 올라온
것이 아니라….

예슬 엄마   안 올리고 싶었던 거죠.

면담자   안 올렸다고 보시는 거네요?

예슬 엄마   저는 그렇게 봐요. 왜냐하면 만약에 정권이 안 바뀐
상태에서 올라왔다면 그나마 덜하겠지만, 정권이 바뀌자마자 그렇
게 진행이… 됐었다는 게, 그만큼 본인들은 앞에서는 다 하고 자기
들이 "노력을 한다"라고 얘기를 했지만 전혀 안 했다는 거거든요.

면담자   정권이 곧 바뀔 거니까 그걸 전제로 해서 해수부 등에
서 서둘러서 인양을 했다 이렇게 보시는 거네요.

예슬 엄마   당연하죠. 누가 봐도 그때는 촛불 정국이었기 때문에
누가 봐도 정권은 바뀔 거라는 걸 알고 있었죠. 그쵸(웃음).

배·보상금과 특별법에 대한 소회

면담자　2015년 4월에는, 한편으로는 배·보상금 공격이 있었고 또 하나는 특별법 시행령 공격이 있었어요. 이 두 가지에 대한 어머니의 소회를 좀 듣고 싶은데요. 먼저 배·보상금은 그때 어떻게 받아들이셨어요? 어머니도 아마 핸드폰으로 연락을 받으셨을 테니깐.

예슬 엄마　네…. 배·보상에 부분에서, 맨 처음에 배·보상 얘기가 나왔을 때, 이제 뭐 우리 아이들이 몇백 명이듯이 부모님들도 굉장히 많았잖아요. 그중에 뭐 의견들은 다 다를 수는 있는데, 저희는 그냥 처음부터 (잠시 침묵) 어 그런 두 가지, 솔직히 말씀을 드리면, 억울해서 이거는 '그래, 받아야 돼. 하지만 지금은 아니야'라는 생각을 처음부터 했던 것 같아요. 왜냐하면 어 어떤 부모님들은 또 그런 말씀을 하시고 그러시더라고요. "지금 아니면" 그때가 박근혜 정권이었잖아요, "지금 아니면 나중에 못 받을 수도 있어"라고 얘기를 하는데, 저는 저희 애들 아빠나, 예슬 아빠나 저는 받고 못 받고의 차이가, 그걸 떠나서, 아무것도 지금 분명히 의문점은 계속 남고, 누구나가 그 항상 그런 생각을 했던 것 같아요.

　이 한국, 대한민국이라는 나라에 어린 아이들이 많은데, 아이들이 먼저 어쩔 수 없이 이제 어… 이렇게 못 오게 되는 경우가 있잖아요. 교통사고도 있고 질병도 있고, 그 그거는 저라면 만약에 저희 아이가 그랬다면 저도 그걸 받아들였을 거예요, 아파하면서도. 근데 이거는 저희가 볼 수 없는 장소에서, 어떤 일이 일어났는지도 모르는 상태에서, 그리고 나서 일이 생겼는데 아무것도 명쾌하게 딱 떨어지는 결론이 없는 상태에서 먼저 보상금 얘기를 하고 보상금을 받아 가라고 하는 거에 대해서 납득이 안 됐어요. 그래도 어느 정도 '아, 내가 그 장소에 없었지만 내 새끼들이 어떤 상황에서 그렇게 됐다'는 어느 정도의 그런 좀 구체화된 그게 있었다면 또 모르지만…. 그렇지도 않은 상태에서 보상금이란 얘기를 하는 게, 솔직히 그때 이제 받아들였던 건 '빨리 끝내고 싶어 하는구나'.

돈 이게, 보상금을 받을 때는 그 쓰는 서류가 있잖아요. 그러면 거기에 그런 문구가 있어요. "보상을 받고 나면 어떤 것도 이의를 제기하지 않고" 뭐 그런 게 있더라고요. 그러니깐 '빨리 이거를 수습을, 그냥 끝내버리고 싶구나'라는 생각이 드는데, 그 뭐 금액에 대해서 우리 아이들의 그 목숨값의 금액이 적어서, '적다 많다' 그런 생각은 전혀 하지도 않았고, '지금은 때가 아니다'라고 생각을 했죠. 그리고 또 이렇게 자꾸 빨리빨리 진행을, 그렇게 끝을 빨리빨리 내버리려고 하는 거에 대해서 그것도 이해가 안 됐고요.

면담자   같은 시기에 시행령 문제가 터지면서, 4월 4일 날 유가족 엄마, 아빠들이 영정 사진을 들고 도보 행진을 하고 또 삭발을 하잖습니까? 그걸 보시며 어떠셨어요? 영정 사진을 든다는 거는 굉장히 특별한 의미를 갖거든요. 특히 어머니들이 삭발을 한다는 건 한국 사회에서는 또 특별한 의미를 가져요. 그래서 그런 극단적인 선택을 하는 모습을 보시면서 어머니는 어떻게 느끼셨는지 말씀을 좀 간단하게 해주시면 좋겠습니다.

예슬 엄마　　　그만큼 내 아이들 앞에서 어… 어설프게 마무리를 짓고 싶지 않았고, 또 내 아이들 이름, 얼굴, 이름을 걸고 어… 확실하지 않은 그런 부분들에 대해서 '너희들이 왜 그렇게 됐는지. 우리가 왜 그렇게 보내게 됐는지' 그거를 찾아야 된다는 절실… 함이… 많이 보였죠. 애들을 걸고 이렇게 그냥 이렇게 뭐, 그런 거 있잖아요, (잠시 침묵) 유야무야 막 어설프게 마무리를 지을 수 없다는 그런 게 엄마들이 그렇게 할 수 있게 만들었던 것 같아요.

면담자　　　그때는 이제 이미 네일숍을 하고 계실 땐데, 4월에 영정 사진 들고 도보 행진 할 때는 움직이셨어요? (예슬 엄마 : 네) 같이?

예슬 엄마　　　네. 그러니깐 정말 우리 아이들 이름, 저희가 이제 많은 그런 행동들을 했잖아요. 그랬을 때 이제 정말 더 강하게 했어야만 하는 그런 이제 그런 일들이 있어요. 그럴 때는 나가야죠, 한 사람이라도 힘이 돼야 하니깐. 그럴 때는 했던 것 같아요.

면담자　　　같이 나가서 걷기도 하고 피케팅을 하기도 하고 외치기도 하고 할 때의 어머니의 마음이랄까 느낌하고, 네일숍에서 그걸 뉴스를 통해서 보건 아니면 밤에 들어가서 예슬 아빠한테 듣건 이 두 가지 장면이 명확하게 다르잖아요. 그래서 그 두 장면을 비교해서 말씀을 해주시면 좋을 것 같은데요….

예슬 엄마　　　같이 행동을 하고 뭔가를 할 때는. 아… 그때 그 마음은 뭐냐 하면, 늘 미안했어요(침묵). 그래도 내가 이렇게… 아이들을 위해서 같이, 같이 이렇게 움직이고 [하면], 몸은 피곤해요. 사실 나가면 진짜 힘들잖아요. 그런데 뭐라 그럴까, 음… '뭔가를 하고 있고 이렇게 하다 보면 한 발 더 갈 수 있다'라는 거를 스스로가 이제 좀 기대도 하게 되고, 특히 사실은 저는 이제 예슬이니깐, 예슬이한테 좀 덜 미안하고 '그래도 엄마가 이렇게 하고 있어'라는 그런 마음이었고, 제가 이제… 일을… 해서 못 나가고 이제 그걸 바라보고 있으면, 그때는 이 미안하고 속상하고 내 자신이 너무 (한숨을 쉬며) 어 '이렇게 못날… 수가 있을까'라는 게, 아이한테만 미안한 게 아니라, 제가 그게, 그… 어떤 행동을 하고 그러는 게 얼마나 힘든지를 알잖아요. 이게 걷는다는 게 쉬운 것 같지만 우리가 그냥 차를 타고 가는 500미터는 별로 안 되잖아요, 1킬로[미터]도 별로 안 되는 것 같고. 근데 걸어서 가는 건 너무너무 먼 길이에요.

저는 그거를 알고, 도로로 나갔을 때 모든 사람들이 다 아파하고 같이해 주시는 건 또 아니거든요. 또 따가운 시선이 있을 때도 되게 많아요. 그리고 그걸 알기 때문에, 그렇게 나가지 못하고 숍에서 그 이렇게 방송이나 언론이나 이런 걸 통해서 볼 때는, 아이한테도 엄마가 도대체, 내가 뭐를 하고 있는지 너무 미안하고, 그 부모님들한테도 같이 못 하는 그거에 너무 죄스러운 마음…. 그러면서 이제 더불어서 제가 못나 보인다고 생각을 자꾸 하게 되는 게, '도대체 내가 여기서 뭘 하고 있는 거지' 하는, 제 자신조차도 그 뭐랄까 거기 그 자리에 있는 그 주체성 자체가 흔들린다 그럴까? '내가 여기서 지금 뭐 하고 있는 거지? 이 길이 아닌 것 같은데'. 그러니깐 그때는 진짜 이 마음도 힘들지만 정신적으로도 너무너무 힘들고, 미안하고 죄스럽고 아이한테 미안하고 부모님들한테 같이 못 하고 나만 이렇게 비겁해 보인다는 느낌? 그게 조금 틀리더라고요. 근데 나가서 같이하면 몸은 힘들지만 뭔가 좀, 뭔가가 뚫릴 것 같은 그 느낌, 희망이 막 그냥 느껴진다고 그럴까요? 그런 차이가 좀 있죠.

5
네일숍에서 일하며 드는 생각

면담자 다른 유가족들은 막 열심히 투쟁을 하는데, 어머닌 네일숍에 계셔, 근데 꼭 미안함만은 아니야, '나는 다른 차원에서 기여를 할 길도 열려 있고, 또 내가 늠름하게 삶을 살아주는 것 자체가 세상 사람들에게 유가족의 또 다른 하나의 모습을 보여주는 것일 수도 있어', 뭐 예를 들자면 그런 생각을 해보신 적은 없으세요?

예슬 엄마 아니요. (단호하게) 아니요. 왜냐하면, 음… 이제 교수님이 그렇게 말씀하실 수도 있지만, 아… 정말 제가 "아니요"라고 말씀드리는 이유 중에 하나가, 전에는 일을 하면서 그 일 자체에서 의미를 찾고, 뭔가를 의미를 부여하고 만족감, 성취감을 갖고 했는데, 사실은 제가 우리 아이가 오지 못하고 나서 좀 일찍 일을 시작을 했잖아요. 근데 그 일이라는 공간이 저에게는 어떤 만족감이나 '나도 여기서 제대로 하면서' 그런… 걸로 시작을 한 게 아니라… (짧은 침묵) 음… 어차피 살아는 가야 돼요. 하지만 그러니깐 그 살아는 가야 하지만, 그… 아 뭐라고 설명을 해야 되나? 그냥 도피처? 그냥 습관적으로 일을 하고 그냥 습관적으로 그냥 전에처럼 행동을 하고 하지만, 거기서 어떤 생명력을 찾을 수는 솔직히 없었기 때문에, 일을 하면서 '나도 이 일을 해서 다른 부분에서 또 아이들에게 당당할 수 있고' 그 생각을 사실은 못 하고 시간이 많이 갔어요.

더 솔직히 말씀드리면 '아, 내가 일을 해서 이 공간이 그나마 나한테 참 좋은 공간이구나'라고 느낀 거는, 아… (짧은 침묵) 19년 9월에 다시 이제 가게를 했을 때, 쪼그맣게. 그때는 어…, 14년도에 시작을 하고 17년도까지 했을 때는, 이게 로드숍이다 보니깐 사람들이 항상 있어야 되고 직원도 있었고 내가 잠깐 막 심적으로 지칠 때 좀 비우고 싶어도 그럴 수가 없는 상황이었고, 그냥 습관적으로 계속 그냥 어차피 열은 거니깐, 닫을 수 없으니깐 그냥 계속한 거였던 것 같고, 19년도 9월에 다시 이제 내가 혼자 하는 쪼끄만, 사람 많이 안 다니지만 쪼끄맣게 다시 시작했을 때는 그 공간이 '아, 이 공간에서 내가…', 그때는 그랬던 것 같아요. 예슬이한테도 좀 편하게 예슬이를 생각할 수 있었던 게 19년 9월 정도였고, 그 전에는 솔직히 그런 생각 안 했고 하고 싶지도 않았어요. 내가 일을 해서, 그렇기 때문에 일을 하면서도 계속 힘들었던 게 그건 것 같아요. '내가 여기서 뭐 하는 거지. 내가 왜 저 사람들한테서 이런 얘기를 듣고 이렇게 나와 있어야 되는 거지'. 그래서 하고 나서 울기도 되게 많이 울었어요, 혼자 속상해서 울고, 집에 가서.

면담자　　　그 전까지는 정말 마음고생이 심하셨겠네요, 그러면. 일하면서도 아프고, 다른 사람들이 열심히 투쟁하는 것을 보면서도 또 아프고.

예슬 엄마　　　네. 그리고 '사람들이 나를 어떻게 볼까', 내가 또 잘못 보여서 우리 예슬이, 또 가장 큰 거는 내 행동[이] 하나하나에 잘못

비쳐져서 우리 예슬이가, 이제는 노현희라는 이름보다 예슬이 엄마라는 그게 있기 때문에…. 그리고 또 그거 있잖아요, 아이들에게 정말 나쁜 말을 안 듣게 해주고 싶은 그게 너무 커지다 보니깐…. 솔직히 어머님들은 투쟁을 하며, 어떤 그거를 하면서 힘들었지만, 저는 제가 도피처라고 생각하고 간 그 공간에서 저는 마음의 무게가 두 배, 세 배였어요, 솔직히. 남들은 제가 일을 하고 손님을 보면 웃어야, 웃고 있고 그러니깐 아닐 거라고 생각을 하지만, 서비스를 제가 선택한 처음으로 내가 '왜 일을 선택했을까' 후회했던 것도 그 시간이었고…, 정말 많이 힘들었어요, 정말 많이.

이거는 '이게 도피처가 아니라 오히려 이게……' (침묵) 두 배, 세 배 더 힘들었던 것 같아요. 근데 아마 그래서 더 마음이 좀… 그냥, 사람들 앞에서 항상 찡그리고 사람들을 대할 수 없는 게 서비스고, 내 말을 많이 해가면서 할 수 있는 게 아니고 숨겨야 되고…. 우리 아이들이 세월호에 있었고 그래서 오지 못했다라는 게 창피하거나, (울며) 지켜주지 못한, 데리고 오지 못한 그 미안함은 있지만, 그 자체가 창피하거나 그런 건 아니야. 하지만 서비스 일을 내가 선택했고 그 일을 다시 하기 때문에 그 손님들에게 저의 마음을 얘기할 수가 없죠, 당연히 했어도 안 되고. 그래서 혼자 마음을 잡아야 되고 그러니깐 아휴, (한숨을 쉬며) 두 배, 세 배는 더 힘들었던 것 같아요.

면담자   제가 경험은 못 했습니다만 말씀을 들으니깐 충분히 그 마음이 이해가 가네요.

예슬 엄마   잘못된, 그때는 어리석었죠, 가지 말았어야 하는….

근데 제가 생각하면 어느 게 맞는 건지 모르겠어요. 내가 집에서만 그냥 마냥 있었어야 맞는지, 그렇게 일을 하면서 [괴로워하는 것이] 맞는지는 모르겠지만, 아무튼 지금은 네, 좀 편안하죠.

면담자   그 17년에 숍을 접게 된 계기 같은 게 있으셨습니까?

예슬 엄마   더 이상 못 참겠더라고요.

면담자   손해를 꽤 많이 보셨을 텐데요.

예슬 엄마   네. 근데 더 이상은 못 참겠더라고요, 더 이상. 전에는 일이 너무 좋아서 했어요. 저는 이 네일아트라는 일을 너무 좋아했고, 너무, 또 아이들도 그만큼 엄마가 그 일을 하는 것에 대해서 되게 만족스러워 했고 저도 일이 좋아서 했던 사람인데, 그 일이 있고 난 후부터는 아아…, 그 일 자체가 싫어지더라고요. 직원들을 데리고 있는 것도 싫고, 그 일 자체가 싫어지고, 사람들을 만나서 막 억지로 웃어야 되고…, 세월호에 관련된 어떤 얘기를 하면 나는 그냥 들으면서 아닌, 아닌 분명히 아닌데, 나는 아무 일 없는 것처럼 그냥, 그냥 묵묵히 대답 없이 듣고 있는 내 모습도 싫고…. 그러다가 이제 욱 하면 또 손님들이랑 확 부딪치는 거죠. 그러면 또 아, (한숨을 쉬며) 뒤돌아서 막 또 그게 싫고 그래서, 이제 '두 번 다시 이 일을 하지 말아야지. 더 이상은 못 버티겠다' 해서 다 접었[던 거지요].

면담자   욱하고 싸운 적도 있으시군요?

예슬 엄마   네. 욱하고 싸워서, 싸운 적도 있어요. 그때 이제 박근혜 정권 얘기하다가 욱해가지고, 친한 지인이랑도 2년 동안 연락도 안 했어요.

면담자　　　유가족의 삶을 모르는 분들이 "이제 잊고 일상으로 돌아가야지" 하는 말씀을 하시잖아요. 근데 사실 어머니 말씀대로 과거의 일상으로 돌아가는 것이 불가능하다는 이야기네요.

예슬 엄마　　　그러니깐 처음부터 과거의 일상으로 돌아가기 위해서 했던 건 진짜 아니에요. 혼자 있는 시간에, 그… 아마 겪어보지 않으신 분들은 모를 거예요. 눈을 딱 뜸과 동시에 아이 생각이, 24시간이면요, 24시간 내내 해요. 그러면서 그 많은 생각 중에서 좋았던 기억도 있지만, 그 좋았던 기억조차도, 그러니깐 추억이 돼야 하는데 기억으로 다…. 그러니깐 저는 추억과 기억을 그렇게 나누거든요. 추억은 지난날을 돌아봤을 때 아쉬움도 있고 즐거움도 있고 그런 것들인데, 기억은 그냥 기억이거든요. 예전에 이런 일이 있었고, 그냥 무미건조한, 저 딴에는 그렇게 이제는 나뉘게 되는데, 24시간 내내 그 많은 생각 속에서 한 아이만 생각을 해요. 그 많은 생각 속에서 얼마나 많은 생각들을 하겠어요. 그거는… 당해보지 않으면 겪어보지 않으면 모르는 거거든요. 그러니깐 옛날로 돌아갈 수 없다는 거는 16일 이후에는 누구나가 본인도 스스로 다 알게 되는 거고, 아이들을 보내고 나서도 절대 그럴 수 없다는 건 아는 거고…. 그래서 가게를 한 것도 '전에 생활로 돌아갈 수 있지 않을까' 하는 거는 절대 아니었고, 24시간 생각 속에서 내가 잘못하다가는 우리 작은아이에게 상처도 줄 수 있고 더 다른 불행이 올 수도 있고 그러니깐, 그거를 좀 분산을 시키고 싶었죠. 그냥 그 생각을, 너무 아픈 생각을 나가 있으면 좀 중간중간 잊지 않을까…. 근데 너무 일찍 나간 거죠. 너무 일찍 나갔던 것 같아요.

면담자   그러다가 19년에 다시 차리셨을 때는 어떤 마음이 셨어요?

예슬 엄마   배운 게 도둑질이라고요(웃음). 17년에 접었어요. 접고 이제 집에 있는데, 예전처럼 그 14년도, 15년도, 16년도처럼은 아니지만 혼자 있으니깐 또 아이 생각이 올라와요, 스물스물.

면담자   17년이면 ○○이는 한국에 있을 때인가요?

예슬 엄마   아뇨, ○○이 없었고.

면담자   그러니깐 온전히 혼자 계셨겠네요. 예슬이 아빠는 일하러 나가고 예슬 엄마는 집에 혼자 계시고, ○○이는 말레이시아에 간 상태였고….

예슬 엄마   말레이시아. 그러니깐 그때는 어떤 생각이 겹치는 거냐면, 또 아이 생각이 예전처럼 스물스물 올라오기 시작하는 거예요, 하루 종일 시간이 많으니깐. 거기다가 그 얘기, 그거와 동시에 드는 생각이 '도대체 내가 여기서 뭐 하고 있는 거지' 하는 생각이 드는 거예요. '아직까지도 부모님들은 가족 대기실, 가족협의회에서 저렇게 움직이시는 분들이 있는데 나는 아무것도 지금 하는 게 없으면서 나는 도대체 어디에 쓸모가 있는 사람이지? 내가 지금 뭐 하는 거지?' 이런…, 이제 또… 올라오더라고요. 그러니깐 '내가 왜 이 자리에 있어야 되고 내가 왜?' 그러니깐 내 자신의 물음이 생기면서 또 아이…. 그리고 또 배운 게 이거니깐, 그래서 다시 나가게 된 거죠 (웃음).

면담자   이번에는 공간이 좀 마음에 드셔요?

예슬 엄마   네, 좋아요. 그리고 사실은 이 공간을 가게 된 이유도, 그러니깐… 지인을 통해서 간 건데, 그 지인이 음… 저희 그 세월호… 일 때 그… 아는 지인 엄마가, 엄마가 저와 같은 입장이었어요. 근데 진짜 진도부터 모든 일을 함께하셨던 분이에요. 그래서 그분이 이제 어떻게 어떻게 알게 돼서 많이 도움을 받고 있어요. 속상할 때…, 그냥 누군가에게 가끔 얘기하고 싶을 때가 있어요, 그냥, 그냥. '어휴 그랬대', '저 집은 그랬대', '아이가 그랬대' 그런 게 아니라, '맞다. 예슬 엄마가 그때 그런 일이 있었지'. 모든 걸 같이했던 분이니깐, 그래서 그분 소개로 그 자리에 갔는데 지금은… 좋아요. 마음 껏 생각할 수도 있고, 뭐 중간중간에 공간이 좁으니깐, 네.

면담자   예쁘게 해놓으셨어요?

예슬 엄마   제 나름대로는요(웃음).

면담자   '예슬이가 어떻게 생각할까' 이런 생각을 많이 하셔요? 뭔가를 결정하고? 예를 들어서 공간을 이렇게 예쁘게 꾸미면서 '아, 이거를 예슬이는 어떻게 생각할까' 이런 생각을 하셔요?

예슬 엄마   아뇨. 그런 생각은 안 하고요, 예슬이는 언제나 "좋다"라고 얘기를 했기 때문에. '어떻게 생각할까' 그게 아니라 제가 다 해놓은 공간, 제가 뭔가를 하고 났을 때 '같이하고 싶다'. '어떻게 생각할까' 그렇지는 않구요. 아…, 이제 예를 들어 이제 [어떤] 순간에, 그제가 지금 있는 일하는 공간이 좀 편안해요. 그래 가지고 햇볕을 봤는데 좋아요, 그러면 '아, 여기서 예슬이랑 같이 있으면 예슬이가 뭐이런 이런 얘기를 했겠지?' 그냥 그런 생각은 많이 하죠. 하고 '뭔가를 같이하고 싶다, 같이 느끼고 싶다. 내가 이랬을 때 예슬이는 어떻게 얘기했을까? 이렇게 얘기했겠지?' 이런 것들, 예를 들어 옷을 입을 때도 예슬이는 저랑 취향이 비슷하니깐, 키가 커서 제 옷을 많이입었으니깐, 옷을 하나 뭔가를 사게 되면 '아, 우리 예슬이가 이 나이면 이거를 나랑 같이 이렇게 입으면 정말 좋았을 텐데, 예슬이는…'뭐 그런 생각….

6
단원고 제적 사태, 교실 이전에 대한 생각

면담자   2016년 5월에는, 아이들을 단원고에서 제적시켰다는 사실이 알려지면서 단원고에서 1주일간 농성이 있었어요. 그 소식은 어떠셨어요, 어머니는?

예슬 엄마   (침묵) 배신감? 청천벽력 같은. 우리 아이들이… 이 학교에서, 이 학교에서 입학을 해서 이 학교를 다니고 이 학교에서 수학여행을 가서 이랬는데, '정말 우리 아이들이 버려진 건가'라는… 청천벽력 같은 느낌? (침묵) '어떻게 이럴 수 있지?' 진짜 그때는 표현 그대로 하면 단원고에 불 싸지르고 싶었어요, (너털웃음을 웃으며) 솔직

예슬 엄마 노현희

히. 그리고… 아휴 (한숨을 쉬며) 완전 '우리 아이들이 버려졌다'는 생각에 너무너무 화가 났었어요. 화가 난 정도가 아니라, 그냥…… 그런 거요.

면담자   결국 유가족들의 투쟁 결과로 아이들을 특별한 재학 상태로 두게 되었고, 2019년이죠? 2월 달에 이제 졸업식을 했죠. 어쨌든 그게 한 축으로 가고, 그다음에 다른 한 축으로는 아이들 교실을 안산교육지원청 자리로 이전하는 일이 진행되었어요. 그때 다들 와서 아이들 책상 위에 있던 물건을 빼고 그랬는데 그때는 오셨습니까?

예슬 엄마   네네, 그때는.

면담자   그 물건들은 어떻게 하셨어요?

예슬 엄마   고대로, 이제 제가 싸면 고대로 포장을 있는 그대로를 하세요. 그래 가지고, (면담자 : 누가?) 그 직원분들인가, 자원봉사 분들이. 그래서 와서 직접 제가 물건을 가져갈 건 가져가고 쌀 건 싸고, 그러면 그러고 나서 이제 그걸 한곳에 모았다가 이제 일로[이리로] 온 거죠.

면담자   단원고 정문을 지나면서 일정 거리는 어머님, 아버님들이 걸으셨거든요. 그때 느낌이 어떠셨어요? (예슬 엄마 : (한숨)) 말하자면 쫓겨나는 상황이거든요.

예슬 엄마   그쵸, 그거죠. 아휴 그걸 말로 표현을 어떻게 해야 되는 건가.

면담자   일단 불은 안 싸지르셨어요, 다행히(웃음).

예슬 엄마   그때, 이런 말씀드려도 되나… 싶기는 한데, 그 생각
도 했어요. '이런 그지 같은 나라, 이런 그지 같은 인간들이 사는, 이
런 거 안 느끼고 좋은 것만 보고 있다가 이쁘게 먼저 간 것도 다행이
지 않을까'라는 생각을 순간에 하기는 했어요(웃음).

면담자   얼마나 복받치셨으면….

예슬 엄마   그리고 그때 그래서 진짜 그때 안산이 더 싫었던 게,
같은 자식을 가진 엄마들이잖아요. 근데 그 단원고에서 옮겼어야 되
는 이유 중에 가장 큰 게, 거기 재학생 부모님들이 본인 아이들 "그
런 분위기에서 애들이 무섭다 그런다. 공부가 안 된다", 그게 굉장히
많은 부분이었고, 학교에서도 그 부분을 굉장히 많이 생각을 했어
요. 그때 진짜 (잠시 침묵) 진짜 이런 학교였나 싶은 게, 그 학교는 저
희 아이들이 아이들 수학여행 보내고 한 게 하나도 없잖아요. 뭐 일
을 하나 벌여서, 예를 들어 저희도 모르는 사이에 제적을 다 시켜버
렸단 말이에요. 그래서 저희가 가서 투쟁을 하면, 또 "그래, 그래 너
희 소원 들어줄게" 하는 식으로 뭐 하나 떨렁 해주고, 또 어느 정도
좀 관심이 좀 떨어진다고 하면 뭔가를 또 터트리고, 또 뭔가를 또 주
는 척하고, 그런 게…. 그리고 저희 아이들 그렇게 가고 나서, 단원
고는… 오히려 국가에서 단원고한테 지원을 해준다는 게 전 이해가
안 됐어요. 그리고 남아 있는 그 학년 아이들에게 지원을 해주고
그런다는 게 저는 솔직히 이해가 안 됐어요. 화가 났어요. 그러면
서 거기서 나와야 되는 상황이니, 정말 '그지 같은 나라 그지 같은 인

간들이구나. 저런 사람들이랑 같이 안산에서 살았다는 게', 그런… (한숨).

면담자　　어제도 말씀하셨는데, 의왕 가신 게 언제쯤이었죠?

예슬 엄마　　의왕 간 게, 17년 말쯤인가?

면담자　　음…, 그러니깐 늦가을 그 정도에 가신 거예요.

예슬 엄마　　네, 그쯤인가? 두 번 다시 안산 안 오려고 했어요. 애들 아빠랑도 항상 그런 얘기해요. "정말 싫다"고, "안산 가기 싫다. 웬만하면 가기 싫다". 그런데 또 안 올 수도 없고.

면담자　　단도직입적으로 여쭈면, 근데 왜 또 오셨습니까, (웃으며) 19년에요.

예슬 엄마　　그러니깐 그거예요. 안 오고 싶은데… 또 안 올 수가 없는 거예요. 거기 떨어져 있다 보니깐, 예슬 아빠가 가장 속상해했던 게 안산에 있으면 자기가 일을 하고 그래도 시간이 좀 남고 그러면 분향소도 갔을 테고 협의회도 가고 그럼 좋은데 의왕에 와 있으니깐 그게 잘 안되는 거예요. 그러니깐 자꾸 소외된다는 느낌을 받는 것 같아요. 그러니깐 자기가 활동을 못 하는, 애들 아빠는 저보다 되게 강하거든요. 애들 아빠, 예슬 아빠는 직접 부딪치고 같이 행동을 해야 풀리는 사람인데 그걸 못 하고 그러니깐 더 그랬던 것도 있고, 그리고 또 아이들 이제 [생명]안전공원이 화랑유원지에 건립이 되는데, 다행히 이사 온 집이 그 근처예요. 또 안 오고 싶고 안 보고 싶었지만 안 볼 수도 없는 게 안산이에요. 근데도 아직까지도 (웃으며) 안산 사람들은 참 냉정하다는 생각을 전 아직도 해요(웃음).

7
대통령 탄핵 당시 심정

면담자　　촛불시위 얘기로 넘어가겠습니다. 그러다가 2016년 말에 이제 박근혜 태블릿 PC 사건이 뉴스에 보도가 되기 시작하죠.

예슬 엄마　　네, 근데 그때 저는 한국에 없었어요. ○○이랑 캄보디아에 있었어요. 그래서 거기서 유튜브를 통해서 계속 봤어요.

면담자　　어떠셨어요?

예슬 엄마　　가슴이 벅찼어요. 막 두근두근 두근두근, 뭔가… '새로운, 새로운 게 시작되고 이제는 우리 아이들의 그 여태까지 풀리지 않았던 게 어느 정도 이제 이제는 좀 구멍이 생기겠구나'라는 [기대감에] 두근 두근 두근…. 그리고 같이 촛불을 못 들고 광장에 못 간다는 게 정말 정말 정말 안타까웠어요.

면담자　　그러면 캄보디아에 가셨다가 봄 정도에 돌아오셨습니까? (예슬 엄마 : 여름) 여름에. 그리고 겨울에 의왕으로 이사를 가신 거고, 시간이 그렇게 되네요.

예슬 엄마　　이사는 그 전에 갔었죠. 갔고, ○○이랑 저랑, 예슬이 아빠는 의왕에서 있었고, 저랑 ○○이는 캄보디아에 있었고, 그리고 저희 들어오고는 다 의왕에서 생활을 한 거고.

면담자   아, 그러면 의왕으로 이사하신 게 2016년이네요.

예슬 엄마   16년? 아뇨. 17년.

면담자   왜냐하면 촛불정국이 2016년 말이거든요.

예슬 엄마   아, 그런가? 아, 그런가 보다. 그러면 그렇게 되는 것 같아요.

면담자   그러니깐 우리 참사 터지고 2015년 소위 투쟁의 한 해를 거치고 그 담에 2016년이 좀 소강상태였는데 그때 이사를 가시고 2016년 말에 캄보디아로 ○○이랑 갔다가 2017년 그러니까 대통령 선거…가 끝나고 그러면서 들어오신 것 같은데요?

예슬 엄마   아니요, 대통령 선거는 했어요.

면담자   아. 그러면 뭐 늦봄 초여름에 돌아오신 거네요. 그리고 이제 2019년에 다시 어… 안산으로 이사를 오신 거고요. 제가 맥락을 잡아보기 위해서 한번 짚어봤습니다. 탄핵이 이제 국회에서 의결이 되고, 그다음에 헌법재판소에서 탄핵이 채택되는 그 과정을 보셨겠네요.

예슬 엄마   아, 그런가? 자꾸 헷갈리는데. 아무튼 봤어요.

면담자   정말로 박근혜가 내려갔어요.

예슬 엄마   만세 불렀죠, 만세 불렀죠. '웬수 웬수 세상에 이런 웬수가 없다'고 생각했던 사람인데, 심지어 저희 작은아이가, ○○이가 1주기 때 그 추도식을 할 때 그 편지를 써서 읽는 그 낭독 그거를 했어요. 근데 그때 어 많은 분들이 가슴에 와서 꽂혔던 게 뭐냐면 ○○이가 딱 그 자기가 쓴 거 중에 그런 거. 처음 저도 봤죠, 들었죠. 그 얘기가 있더라고요. "대통령님, 저는 그날 그 진도에서 당신의 눈빛을 봤다"고, 그 얘기가 딱 있더라고요, "그 눈빛을 아직도 기억한다"고. 그러면서 이제 그 탄핵 그 됐을 때, 가결인가요? 아무튼 확정 됐을 때…… (숨 들이마심) 이제 다 끝난 것 같았어요, 모든 게 이제. 너무 좋았죠. 만세 부르면서, 만세 불렀어요. 만세 부른 사람도 엄청 많더만.

면담자   아, ○○이가 16년 2주기 기억식 할 때 나와서 편지를 읽었군요. ○○이가 얘기하는 "눈빛"이라는 거는 일종의 거짓의 눈빛인가요?

예슬 엄마   거짓의 눈빛이죠. 악어의 눈물에 거짓의 눈빛이죠.

8
○○이의 근황

면담자   ○○이 얘기 나온 김에, 지금 말레이시아에서 유학 중인데 잘 지냅니까, 어떻습니까?

예슬 엄마   잘 지내요.

면담자   언니를 잃은 슬픔은 같은데.

예슬 엄마   음… 슬픔은 같죠. 같은데. 강한 것 같아요, 저보다.

잊고 그러는 게 아니라 순간순간 밀려오는 감정들을 본인이 추슬러야지만 된다는 걸 미리 알아버린 것 같아요, 그 방법을 찾은 것 같고. 그래서 그게 예슬 아빠는 항상 "대견하다"고 얘기를 하지만 마음도 아프죠. 굳이 '슬프면 슬프다, 좋으면 좋다' 표현을 해야 될 나이였고, 나이인데… 슬퍼도 눌러야 된다는 거를 먼저 그거를 배워버린 게…. 그러니깐 '저희가 보기에는 잘 지내는 것 같지만 표현을 안 한다 뿐이지 않을까' 하는 생각도 하는데, 그나마 한국에 있으면서 바로바로 접하는 부분이 아니니깐, 그나마 한국보다는 아이가 좀 많이 평온해진 거는 같아요. 잘 지낸다는 말은 솔직히 제가 그 아이의 속까지 들어가 본 게 아니니깐 그것까지 말씀드릴 순 없지만, 평온을 찾는 부분에서는 조금 더 좀 잔잔해진 것 같아요.

면담자   외국에 나가서 공부하겠다고 마음먹은 것에 당연히 언니와의 이별 경험 그런 것들이 작용을 했겠죠?

예슬 엄마   네, 했어요. "한국…에 있기 싫다"고 얘기했고. "○○이가 잘 지낸다"라고 100프로 얘기 못 하는 게, 그러니깐 잘은 지내는데, '아이가 상처가 진짜 있구나'라고 생각하는 게, 한국에 있기를 싫어했던 것도 있지만, 어떤 분들은 한국을 떠났다는 것에 대해서 뭐 안 좋게 얘기하실 수도 있지만, 각자 자기가 극복해 가는 과정은 다른 거니깐…. 근데 아이가 선택한 건 그거였고, 그게 뭐 도피나 그런 건 아니고요. 그런데 이제 '그 아픔이 아직도 있구나. 계속 있겠구나'라고 생각하는 게, 한국에, 공부가 끝나고 한국에 들어와서 직장을 잡을 생각을 안 해요. 자기는 "한국에 안 들어올 거야"라고 얘기를

137
·
2회차

하더라고요. ○○이는 한국에 들어오고 싶어 하진 않아요. 여기서 다시 직접적으로 부딪치는 게…. ○○이도 겉으로 보기엔 되게 강한데 여린 친구거든요. 직접 부딪치고 대하고 그러면 그 감성적인 게 나온다는 거를 본인도 알 거예요.

면담자　○○이가 지금 호텔 경영을 전공하고 있다고 들었는데, 어머니 잠깐 예슬이 얘기하면서 정말 멋진 여성 전문가의 모습을 상상하는 말씀을 하신 것처럼 ○○이는 정말 그렇게 멋지게 성장할 듯하네요.

예슬 엄마　(웃으며) ○○이가, 아… 어깨가 더 무거워진 것 같아요. 전에 그런 얘기를 해요. 한번 그런 얘기를 하더라고요. "엄마, 언니가 있었으면 괜찮았을 텐데 지금 엄마, 언니가 없잖아. 그래서 내가, 엄마 나는 도대체 직업을 가지면 얼마를 벌어야 되는 거야?" 이러는 거예요. 그래서 "왜?" 이랬더니 "언니가 있었으면 엄마, 아빠 용돈을 나눠서 주고 하면 되는데 이제 언니가 없으니깐 엄마, 아빠를 내가 다 책임져야 되잖아" 그러더라고요. 그러면서 "엄마 내가 어깨가 얼마나 무거운지 알아?" 이렇게 얘기하는데, 아 마음이 짠하더라고요. 그러니깐 언니가 하지 못한 거를… 엄마, 아빠가 언니한테 이렇게 은연중에 기대하고 대견하게 봤던 게 어떤 건지를 아는 것 같아요. 그러니깐 '나는 엄마, 아빠한테 좋은 모습을 보여야 되고 더 이상 상처를 주면 안 되겠다'는 그게 좀 강한 것 같아요. 마음 아픈 거죠, 따지고 보면(웃음).

면담자　더군다나 예슬이가 하늘로 간 다음에, 전시회라든지 예슬이의 가능성에 대한 세상 사람들의 찬사라든지 이것이 ○○이에게는 또 다른 의미에서는 부담? (예슬 엄마 : 그쵸) 이런 것일 수 있네요.

예슬 엄마   네. 예슬이 동생? 근데 뭐 예슬이가 연예인은 아니니깐, 근데도 이제 그 엄마, 아빠… 한테 자기가 멋있는 모습을 보여줘[야 한다는 부담이 있었어요]. 그리고 ○○이 눈에는 언니가 항상 멋있었던 것 같아요, 항상. 그러니깐 지금도… 어렸을 때도 그랬고 항상 언니를 멋있게 봤고 자기도 '그것 때문에 멋있는 사람이 되고 싶다'는 생각을 가졌던 것 같고. 그리고 또 '엄마, 아빠한테 더 어떤 걱정도 안 시키고 싶어서 자립을 더 강하게 해야 된다'는 생각을 갖는 것 같기도 하고.

면담자   하늘로 간 언니가 하나의 지주? 같은 존재겠네요, 지금 어머니 말씀 쭉 종합해 보면요.

예슬 엄마   네. 그래서 어떤, 그냥 순간순간 저희는 그런 것 같아요. ○○이랑은 뭐 얘기를 하다가 "엄마, 언니가 언니가 지켜줄 거야. 이거 하게 해줄 거야" 이런 얘기를 해요. 그런 거 보면, 있을 때는, 언니가 있을 때는 있어서 굉장히 든든한 존재였지만, 언니가 없는 지금도 마음에는 항상 든…함을 주는 그런… 부분인 것 같아요.

면담자   지금 대부분의 형제자매들이 너무너무 힘들어요. (예슬 엄마 : 힘들죠) 또 잘 안 풀리기도 하고, 현실적으로. 그런 거에 비하면 ○○이가 참 잘하고 있어서 다행입니다.

예슬 엄마　　　참 예슬 아빠가 굉장히 ○○이에 대해서 굉장히 뭐랄까 대견스럽게 생각을 해요. 저 또한 혼자 나가 있는데 왜 안 외롭겠어요. 그런데도 진짜 잘 버티고 잘하고 있어요.

9
참사 이후 정치관의 변화

면담자　　　2017년 대통령 선거 때는 어떠셨어요?

예슬 엄마　　　당연히 제가 찍어야 될 사람을 찍었죠, (웃으며) 당연히. 그리고 선거를 함과 동시에, 그 빛이 내려온다 그럴까? 교회에 이렇게 사진 같은 거 보면 빛이 내려오는(웃음). 그거는 과장된 표현일지 몰라도, 원하는 분이 돼야 됐었고, 됐기 때문에 '이제 해결이 되겠구나' 기대를 가졌죠.

면담자　　　기대에 어느 정도는 부응하고 있습니까?

예슬 엄마　　　저는 이제 아쉬움을 찾으려면 한도 끝도 없어요, 사실은 아쉬움을 찾으려면. 그런데 저는, 그냥 저 그냥 개인적인 저기를 보면 저는 그나마 지금 정권이 바뀌고 대통령이 바뀌어서… 감사해요. 그리고 또 하나는 그래서 바뀌어서 너무… 아프기도 해요. '만약에 박근혜가 아니라 지금 대통령이었으면 우리 아이들이 돌아올 수도 있지 않았을까?' 싶기도 하고…. 근데 이제 또 이제 많은 부분들이 있잖아요, 아직도 뭐 그 세월호 조사위 그런 것도 있고 많은 부분이 있는데, 100프로는 아니지만 저는 그나마 지금 정권이 바뀐 거에 대해서 감사를 하려고 노력을 하고 있죠.

면담자   참사 전에는 지지하는 어떤 (예슬 엄마 : 없었어요) 정당
이나 이런 거는요?

예슬 엄마   아예 없었어요.

면담자   투표는 하셨습니까?

예슬 엄마   안 했어요(웃음).

면담자   태어나서 처음 투표하신 거 아네요?

예슬 엄마   아니요. 그 전에 한 번 했죠. 심지어 제가 어느 정도
몰랐냐면 저희 예슬이 전시회를 할 때 누군가 와서 장영승 대표도
그렇고 저희 애들 아빠도 그렇고 막 인사를 하는 거예요. 그래서 웬
아저씨예요. 누구라 그러는데 알지도 못했어. 지금 보니깐 문재인
대통령이더라고요. 그 정도로 무지했어요. 왜냐면 '내가 정치에 대
해서 사회 돌아가는 거 안다고 해서 뭐 밥을 주는 것도 아니고 쌀을
주는 것도 아니고' 그런 생각을 했고 아예 관심이 없었어요. 무지할
정도로 없었어요.

면담자   2017년 선거 하실 때는요?

예슬 엄마   그때는 많이 공부를 했죠. 그리고 그때 제가 지금도 우
리 손님들한테 얘기해요. 손님들이 "TV 보기 싫다" 그리고 "아 정치
얘기 싫다"고 하고 그런 얘기해요. 그러면 지금은 그런 얘길 해요.
"너무 많이 알 필요는 없지만 국민이 국민의 권리를 찾기 위해서는
수박 겉핥기식이라도 알아야 돼요. 저도 맨날 똑같은 얘기고 들어도

그렇지만, 모르는 거 많지만 그래도 봐요. 우리가 우리 권리를 찾고 우리 아이들이 똑같이 힘든 삶을 살지 않기 위해서는 봐야 돼요"라고 말해요.

면담자 정치에 사람들이 조금 더 관심을 갖는 것이 우리의 삶에 어떤 구체적인 영향을 끼친다거나 그런 것이 있을 것이라고 보시는 거네요?

예슬 엄마 네. 왜냐하면 저희가 우리 아이들이 그런 일이 있을 때도 사실 정치에 관심 없는 부모님들 많았을 거예요. 그러다 보니깐 언론에서 나오는 그것만 보고 믿고 그걸로만 그냥 단정 짓고, 정치권에서 "아 이렇게 해줄게요" 하면 "아, 해주려나 보다" 기대를 했다가 안 해주면 또…. 그런데 저희가 만약에, '저희가 정치에 대해서 조금 더 알고 돌아가는 상황이 어떻게 되는 거를 알았다면, 그리고 여당과 야당이 어떤 당이라는 거, 어떤 성격을 가졌다는 걸 알았다면, 우리가 좀 더 적극적으로 우리의 권리를 찾기 위해서 당연히 아이들은 없지만 해야 될 거를 찾을 수 있지 않았었을까' 하는 생각도 들고…. 그리고 (한숨을 쉬며) 또 정치를 조금이라도 알아야 되겠다고 생각한 이유 중의 하나가, (숨을 들이쉼) (잠시 침묵) 정치를 너무 몰랐기 때문에 그때 우리 아이들이 있던…, 그 정치 돌아가는 그런 거를 보면서도 "무조건 믿어. 대한민국의 법은 지키라고 있는 거야" 이렇게 말을 하지 않…을 수도 있지 않았었을까, 그러면 예슬 아빠가 그날 저녁에 "아빠 우리 배 잘못되면 어쩌지. 어떻게 하지?" 이랬을 때 "우리나란 선진국이야. 시키는 대로만 하면 가만히 있으면 돼"

이런 말을… 안 했겠죠. 알았더라면 '만약에 그런 일이 생기면 이렇게 이렇게 이렇게 이렇게 해야 해. 지킨다고 다 그게 바른 게 아니야' 그럴 수도 있었겠죠.

면담자   거꾸로 대한민국이 '가만히 있으라' 그러면 빨리 도망쳐야 되는 거고, (예슬 엄마 : (웃음)) 선장이 '가만히 있으라' 그러면 빨리 도망쳐야 되는 거야" 이렇게 가르칠 수밖에 없는 상황이었을지도 모르죠.

예슬 엄마   그쵸, 그랬을 수도 있죠. 근데 어느 정도 알게 되면, 어느 정도의 알고 모르고의 중간이 있으니깐, 이제 "선장이 있으라 그러면 무조건 있어, 아니면 무조건 나가, 이게 아니라 네가 판단을 했을 때" 이렇게 생각이 있을 수도 있었겠죠, 알았다면.

면담자   그럼 어머니의 정치의식의 변화랄까?

예슬 엄마   네, 많아졌어요.

10
4·16생명안전공원에 대해서

면담자   4·16생명안전공원이 결국은 되게 지지부진했죠. 그리고 지금 이사하신 곳이 초지동? (예슬 엄마 : 선부동이에요) 아, 선부동이시구나. 지금 특히 초지동 쪽에 (예슬 엄마 : 푸르지오) 거기에 조합장 등이 엄청나게 공격을 했잖아요. 그거는 어떻게 듣거나 보시거나 직접 경험하시거나 이런 적이 있습니까?

예슬 엄마　　들었죠, 다 듣고 다 보고. 제가 활동을 안 했다 뿐이지 저희가 이제 밴드가 있고 그렇기 때문에 다 알아요. 그래서 다 들었고, 안산 오면 제가 가게가 안산이었으니깐 플래카드 붙어 있어요. 뭐, 뭐, 뭐, "납골당이 웬 말이냐" 뭐… 다 붙어 있어요. 이 선부동 쪽에 오고 지나가고 그러면 다 붙어 있어요. 알죠, 알았죠.

면담자　　어떠셨어요, 그걸 보고?

예슬 엄마　　(침묵) 솔직한 제 심정이요? (침묵) 솔직한 심정은 그런 걸 볼 때마다 '당신들 자식이 세월호 안에 있었어 봐' [우리와 같은 고통을] 겪게 해주고 싶었어요.

면담자　　엄청 나쁜 마음이네요.

예슬 엄마　　네, 엄청 나쁜 마음(침묵).

면담자　　내가 이웃이라고 생각하고 같은 공간에서 호흡을 했던 사람들이 생명안전공원이 안산의 미래를 열어갈 새로운 가능성까지 갖고 있다는 것이 명백함에도 불구하고 거기에 의도적으로 납골당이라는 용어를 붙여서 저렇게 매도하고….

예슬 엄마　　집값이 떨어진다는 이유로.

면담자　　심지어는 그런 용어를 썼을 때 유가족들이 어떤 상처를 받게 될 것인지에 대해서 조금만 생각해 봐도 금방 알 수 있음에도 불구하고….

예술 엄마   '그 사람들은 알기 때문에 그런 단어를 썼다'라고 생각
을 해요, 솔직히.

면담자   그러니깐 그런 나쁜 마음까지 들지 않을 수 없다는 말
을 하시는 거네요.

예술 엄마   네. 그러니깐 우리가 흔히들 성인들이 쓰는 거잖아요.
초등학교 유치원 애들이 쓰는 게 아니잖아요. 우리가 정말 쓰지 말
아야 할 단어들이 있고 넘지 말아야 될 선들이 있어요, 적어도. 어…
그러니깐 의견은 다 차이가 있을 수 있어요. 하지만 그게 정말 선을
넘는 단어라든가 선을 넘는 행동이라든가 말들이라면 내가 생각을
하고 있어도 그거를 표출을 하면 안 되는 게 성인이거든요, 정말 바
른 거라면 몰라도. 하지만 자기들을 위해서… 부모들을 생각하라는
게 아니에요. 저희 아이들이 안산에서 태어나서 유치원, 초등학교…
다 겪었어요. 그리고 한 다리 건너 한 다리면 친구들이고 다 그래요,
솔직히. 친구가 아니더라도 같은 학교 아이들이고 그런데, 그런 부
모님들이… 좀 개념이 있다면, 의견은 다를 수 있을지 몰라도 표현
을 하면 안 되죠. 그런데 표현을 하고 하면 안 되는 말들과 단어들을
썼다는 건… 상처를 받으라는 거거든요. 보고 느껴라[는], 그러니까
순간의 그분, 그 사람들도 나쁜 마음인 거예요. 그러니깐 저는 안 그
래도 저도 인간인데, 거기다가 또 아이가 오지 못했는데, 그 나쁜 마
음이 들죠.

면담자   그래도 완공이 2023년인가요? 올해 전시 콘텐츠니 이
런 거 지금 용역을 하고 있고 설계 공모도 아마 올해 2020년에 나오

는 걸로 제가 알고 있는데, 진전되는 걸 보시고 어떠셨어요?

예슬 엄마　근데 그 진전되는 게 보여서 정말 '아, 우리 아이들 이 제 한곳에 있어서 빨리 만날 수 있겠다' 했는데, 시간이 너무 늦게 가 는 것 같아요. 아직도 첫 삽도 안 뜨고 있는 것 같고 그래 가지고 조 금 조급하긴 한데, (면담자 : 첫 삽을 안 떴죠) 안 떴죠. 근데 그때 사실 조마조마했어요, 하도 반대들을 해서. 그때 그 저기가 안산 그 저기 가 누구였죠? (면담자 : 제종길 시장) 그죠, 그죠. 그래 가지고 중단할 까 봐 사실 조마조마했어요. 근데 그 당시에 정치적으로 해야만 됐 던 뭔가가 있었던 것으로 기억을 하는데, 아무튼지 간에 그렇게 돼 서⋯ 마음이 너무 좋았죠.

면담자　생명안전공원이 만들어지면 뭘 제일 하시고 싶으세 요, 어머니는? 그 안에 어떤 공간이 있었으면 좋겠고, 그 공간에 가 신다면 뭘 제일 하고 싶으세요?

예슬 엄마　당연히 빨리 아이들이 가까이에 왔으면 좋겠고, 그게 첫 번째고, 그리고 그 공간이라기보다는 지금은 이제 이렇게 아이들 이 여러 군데 있잖아요. 특히 이제 다른 아이들도 그렇지만 우리 예 슬이는 저 화성 쪽에 있어요. 근데 이게 일을 하면서, 생활을 하면서 하다 보면 자주 갈 수가 없어요. 속상하고 보고 싶을 때도 있어요. 근데 이게 거리로는 얼마 안 되는 것 같지만 막상 움직이려 그러면 이게 또 쉽게 가지는 또 그게 아니고⋯, 그래서 우선은 우리 아이들 이 빨리 가까운 데 왔음 좋겠고. 그 담에 하고 싶은 거는 갑자기 아 이가 보고 싶을 때 슬리퍼 끌고 그냥 산책 가듯이 그 공간에서 아이를 한번, 음… 보고 싶을 때 언제든지…. 막상 가서 문은 잠겨 있어서, 오밤중이라서 문은 잠겨 있어서 들어가진 못하더라도 거기에 있으니깐…. 그냥 마음이 한결 같, 맨날 좋을 순 없잖아요. 그럼 슬리퍼 끌고 평소처럼 산책 가듯이 가보고 싶고 그런 거….

면담자　　　생명안전공원 정문 앞을 지나만 가도 얼마나 좋겠어요(웃음). 그걸 하시고 싶은 거잖아요.

예술 엄마　　그러니까요, 네. 그냥 일상에서 바람 쐬고 싶을 때 같이, 같이는 없지만 그래도 가면은 '그래도 여기는 있겠지'라는…. 맨 처음에 사실 '도대체 우리 아이가 어디 있는 거지' 하는 의문점이 너무 많이 들었었어요. '분향소에 있는 건지, 화랑유원지에 있는 건지…. 아니, 분향소에 있는 건지 그 효원에 있는 건지, 우리 집에도 사진이 있으니 집에 있는 건지…'. 사실 '우리 딸이 도대체 어디 있는 건지' 하는 그런, 그런 게 많이 들었어요.

면담자　　　지금 말씀은 그… 아이들 장례식하고 대체로 효원을 포함해서 하늘공원 등으로 아이들이 분산되어서 안치되었는데, 유가족들은 다 '임시의 장소다' 이런 생각들을 하고 계셨나 보네요?

예술 엄마　　그럼요. 그리고 처음부터 그때 그 아이들이 있던, 그 정권에서 했던 얘기가 "우선 임시로 그렇게 하고 아이들을 한 곳에 데려오겠다" 그랬어서, 저희가 이 이제 효원이든 하늘공원이든 뭐 저기 서호든 갔던 게 임시로 다 갔던 거거든요. 근데 그게 그렇게 진행이 안 됐던 거죠.

면담자   그러니깐 아이들을 임시로 데려다 놔놓으니깐 어디에 있는 건지 모르겠다는 말씀을 하신 거죠. (예슬 엄마 : 네, 네) 지금 화랑유원지에 생명안전공원이 만들어진다는 것은 (예슬 엄마 : 이제 계속 거기 있는 거죠) '아이가 자기 집에 돌아오는 것이다' 이렇게 보신다는 거네요.

예슬 엄마   그렇죠. 그것도 그렇고 '내가 마음 편하게 좀 더 자주 볼 수 있겠다' 그냥 그런….

면담자   이사 오신 것도 관련이 있겠네요.

예슬 엄마   그거 있어요, 화랑유원지 바로 옆이라서.

면담자   굉장히 가까운 곳으로 이사를 하셨네요.

예슬 엄마   아주 가까워요. 그냥 산책 가듯이 애들을 보러 가고 싶었어요.

면담자   예슬 아빠도 또 같은 마음인가요?

예슬 엄마   같을 거예요, 아마 그날 이후로.

면담자   대화가 없으신가 보네요, (웃으며) 표현 방식을 보면요.

예슬 엄마   대화는 있는데 그 세세하게 순간순간 모든 얘기를 하진 않잖아요. 하지만 14년 이후로 굳이 물어보지 않아도 적어도 아이에 관, 예슬이에 관해서는 거의 비슷하고 물어보지 않아도 '감정이 비슷하다'라는 걸 알아요. 느낌으로 알아요, 그냥.

11
명예졸업식, 예슬이가 떠난 후의 마음과 느낌

면담자　　작년이죠? 2019년 2월에 단원고에서 아이들의 명예졸업식을 했어요. 어떠셨어요, 어머니는요?

예슬 엄마　　저 가기 싫었어요, 그냥. 모르겠어요. 부모님들마다 다 생각이 틀, 다른데 저는 단원고에서 했던 일들이 너무 괘씸한 것도 있었고, 우리 아이들이 졸업해야 될 때 맞춰가지고 본인들이 학교에서 '이렇게라도 우리가 아이들을 기억하겠습니다'라는 의미에서 그때 아이들이 졸업할 때 맞춰서 했다면 정말 감사했을 거예요. 근데 몇 년이 지나고 나서, 우리 아이들이 졸업하고도 훨씬 지난 다음이잖아요. 그렇게 한다는 게 막 화가 났어요, 솔직히. 그것조차도 그런 생각이 드는 거예요, '부모들이 계속 칭얼대니깐 마지못해 해줬나' 이런 느낌도 드는 거고. 그러니깐 단원고에 솔직히 진정성을 바라지도 않았지만 애들이 졸업하고도 남은 시간이었잖아요. 그때 와서 뒤늦게 그, 그렇게 하는 것도 싫었고, 가고 싶지 않았어요, 솔직히. 어떤 부모님들은 제가 이렇게 얘기하면 좀 그러실 수 있겠죠. 다른 얘길 하실 수도 있겠지만, 그때 그 당시에 저에게는 졸업이 의미가 없었어요.

면담자　　유가족들이 많이 고려했던 것 중에 하나가 '미수습 아이들이 있으니깐 아이들이 다 올라오면 명예졸업식을 하자'는 의견도 있었습니다.

예슬 엄마　　있었어요, 사실은. 그러니깐 그 당시에 할 수는 없었던 거는 알죠. 그리고 본의 아니게 미수습 아이들한테 같은 아픔을 지녔는데, 더 미안해해야 되고 그런 시기였기 때문에…. 근데 아무튼 그때 19년도에 하는 졸업식은 제가 크게 사실은 의미를 못 찾았어요. 근데 예슬, 그 앨범이나 그런 걸 가져왔는데 속은 상하더라고요.

면담자　　지금 말씀하시는 거는 이제 단원고에 대한 분노를 말씀하신 거고, 아이가 없는 상태에서 졸업을 한다는 것이 어머님께는 어떻게 받아들여졌는지요?

예슬 엄마　　저는, 음… 그 '졸업식에 의미를 크게 안 뒀다'라는 의미 중에 하나가, 저는 저한테 우리 예슬이는 그냥 16살이더라고요. 그때, 그 모습, 그 나이, 그게 변한다는 게 사실은 무서운 거죠. 아이가 없는데 강제로 그렇게 시간을 흘려보내서 그렇게 시간을 그 아이한테 줘야 된다는 그… 거를 솔직히 제가 굳이 원하지 않았던 것 같아요. 아마 어… 앞으로 10년이 흐르고 20년이 흘러도 아마 우리 예슬이에 대한 시간은 변하진 않을 것 같아요. 그니깐 졸업식이 저한텐 그래서 의미가 없었던 것 같아요.

면담자　　시간 말씀을 하시니깐 제가 떠올라서 그런데, 아까 잠깐 언급을 하셨지만, 지금 어머니 느낌과 마음에는 예슬이는 어디 있는 것 같으세요? 어찌 보면 철학적 질문이 되겠는데(웃음).

예슬 엄마　　그냥 항상 있는 것 같아요. 그냥 제 옆에 있는 것 같아요, 어떤 분들은 "이제는 잊고 떠나보내라" 하는데 저는 떠나보내기도 싫고. 그러니깐 어떤 분들은 그래요. 이제 좀 뭐, 이제 미신을 좀 믿고 그러는 분들은 "아이에 대해서 좀 놔줘야지 아이가 편안한 데 간다" 하는데 그건 제가 본 게 아니잖아요. 근데 아직도 저는 (잠시 침묵) 그 편안함을 느끼고 싶지 않아요. 아이가, 제가 느끼기에 '제 옆에 항상 있다'라고, 그냥 있게 하고 싶어요(웃음). 이게 이제 욕심이지만 그냥 항상 있는 것 같아요, 그냥. 그럴 거라고 또 생각을 해요. 그래서 이제 뭐 바람이 불고 그러면, 아… 뭐 여기서도 의미를 찾고 저기서도 의미를 찾고 햇살에서도 찾고 다 찾는 거죠. 다 찾아요, 보이는 데마다, 그때그때마다.

면담자   의미를 찾는다고 말씀을 하시는 거는?

예슬 엄마   나와 같이 항상 있고, 느끼고, 같이 느끼고 있다는….

면담자   함께하고 있는 거.

예슬 엄마   네, 그거를 놓고 싶지가 않은 것 같아요. 자신이 없는 것 같아요, 아직까지. 예슬이는 아직도 그 사망신고를 안 했거든요, 자신이 없어서.

면담자   예슬이가 느낌으로 지금도 항상 함께하느냐에 대한 질문이었어요.

예슬 엄마   그러니깐 마음이 그렇기 때문에 느낌을 항상 찾으려고 그러는 거죠. 마음이 있기 때문에… 그러니깐 보내고 싶지 않은 마음? 그 마음이 있기 때문에 느낌을 항상 찾는 것 같아요. 여기서도 찾고 저기서도 찾고. 그러니깐 그 마음과 느낌이, 마음도 (면담자 :

보내고 싶지 않고) 그렇기 때문에 어디서든지 찾아야 되잖아요. 계속 그거를 '느낌으로 느껴야지만 된다'라는 생각? (웃음) 마음이 있으니깐 느낌을 찾는 것 같아요.

면담자　　　이 얘기는 이제 마무리하려고 합니다만, 한 번만 더 여쭈면, 함께 있는 느낌을 가졌을 때 어떤 걸까요? 물론 이제 그리움을 전제로 하지만 그래도 허전함? 행복감? 어떤 거예요?

예슬 엄마　　　마음의 안도, 마음의 안도? 마음의 안도. 근데 그게… 아 그냥, 어떻게 설명을 해야 되냐면, 위안, 위안? '그래, 아직도 아이는 나와 같이 있어' [하는]. 안 그러면 인정을 해버려야 되잖아요. 아이가 없다는 걸 인정을 해야 되고 아이의 심장이 안 뛴다는 거를 내가… 그렇게 인정을 해버리면 마음을 가질 수가 없으니깐…. 제가 설명을 잘했는지 모르지만 아무튼. 아무튼 그래요.

12
위안이 됐던 것 그리고 가치관의 변화

면담자　　　네, 고맙습니다, 어려운 질문에 답해주셔서. 6년간 어머님을 제일 힘들게 했던 것을 하나만 든다면 뭘까요?

예슬 엄마　　　(침묵) 그리움이죠. 그러니깐 이것저것 다 떠나서 그냥 가장 힘들게 하는 게 그리움이죠. 그러니깐 (침묵) 보고, 그러니깐, 이 뭐랄까, 본의 아니게 끊어진 그런 거 있잖아요. 어떤 표현이냐면 꿈을 꿨어요. 꿈을 꿨는데, 꿈에서 봤는데 눈을 딱 떴는데 없어요, 대상자가. 그때 밀려오는 그 허전함 허무함이…. 그거 아시죠, 그런 거. 그게 항상… 아마 계속 그렇겠죠. 가장 힘든 건 그거예요, 그리움.

면담자　　　반대로 가장 위안이 됐던 것도 하나만 생각한다면 그 게 뭘까요?

예슬 엄마　　　가장 위안이 됐던 거죠? (침묵) 추억이죠. 가장 위안이 되는 건 추억이죠. 그 추억 때문에 아프고 또 그게 그냥 어느 한 부분은 기억으로만 남을 수도 있지만 그래도 누군가를 생각하… 할 수 있다는…, 했을 때 웃을 수도 있고, 마음으로. 추억이죠. 너무 추상적인 것 같긴 하지만, 저는 그래요. 가장 힘든 것도 추상적인 거고, 마음적인 거고, 가장 좋은 것도… 추억이죠. 그게 있으니깐 버티는 것 같고(웃음). 종이 한 장 차이인 것 같아요, 감정이 다.

면담자　　　어머니의 과거의 삶이 엄마로서, 또 여성으로서 하나의 자립적인 인생을 세워가셨고, 자식과의 관계에 있어서도 두 자립적인 존재가 상호 존경하면서, 서로를 바라보면서 이렇게 살아오셨거든요. 근데 거기에 예슬이가 하늘로 가버렸단 말이에요. 그럴 때 가장 변화한 게 뭐라고 생각하세요?

예슬 엄마　　　이상하게 저는 결혼생활을 하면서 우리 큰아이의 부분이 굉장히 컸던 것 같아요. 그러다 보니깐 그러니깐 가장… 순간에 멘붕이 오는데…. 변화된 생각을 물어보신 거예요, 아니면 뭐가 변했다는 걸 물어보신 거예요?

면담자　　예를 들자면, (예슬 엄마 : 생각? 가치관?)이 변했다든지, 생활 방식이 변했다든지요.

예슬 엄마　　생각과 가치관이 변했어요. 그건 좀 확실히 변한 것 같아요. 예전의 저의 삶이었다면 저는 좀 이기적인 면이 훨씬 많아요, 예슬이는 그렇지 않았고. 근데 그게 제가 참 많이 생각하는 부분인데 뭐든지 세상을 살다 보면 얻는 게 있는 것 같아요. 하지만 잃어버리는 게 하나씩 꼭 있어요. 그걸 잃어버림으로써 얻어지는 게 생기더라고요. 근데 이번 같은 경우는 너무 큰 거를 잃, 잃어버리면서 얻게 된 게 생각과 가치관인 것 같아요. 너무도 이기적이었는데 지금은, 음… 예전에는 이렇게 우리 세월호 일뿐만 아니라 그 전에 굉장히 많은 참사들이 많았잖아요. 그럴 때 지금 생각해 보면 그냥 무미건조하게 봤다거나 "어휴 어떡해" 그냥 그러고 말았던 것 같아요. 그리고 저희 가정 저 이외에는 돌아보지 않았던 것 같아요.

　　근데 [20]14년 4월 16일 이후에는 아 그런 생각들, 어… '나… 보다 아픈 사람이 있을 수 있고 그 아픔이 다를 수는 있지만, 내가 어떤 행동은 할 수 없지만, 없더라도 마음만, 마음은 그 사람들 아픔을 한 번쯤 돌아보고 싶다'라는 그런… 생각이… 많이 이제 좀 바뀐 데다가, 또 가치관 부분에서는, 그러고 싶다는 생각이 들어요. 이제 '내가 능력이 된다면 나도 나와 관련, 저희와 관련 없던 사람들이 한 달음에 달려온 것처럼, 나도 누군가에 큰 도움은 아니더라도 뒤에서라도 도우면서 살고 싶은 인생이 됐으면 좋겠다'라는 생각. 그러면서 바뀐 게 예전에는 바른 소리를 하고 싶어도 안 하고 그랬어요. 근데 지금은 웬만하면 참지만 '이건 아니다', 그리고 누구나가 정도를

154

예슬 엄마 노현희

지키지 않고 거기서 벗어나는 어떤 그런 게 보이면 바른말을 하게 되고, 그런 게 참 많이 변한 것 같아요. 그러니깐 주위와 더불어서 살아가는 법을 알게 된 것 같아요, 그게 필요하다는 거를.

면담자   예슬 엄마뿐만 아니라 또 대다수가 그렇게 사니깐, 그런 것이 예슬이의 죽음과 연관이 된다, 이렇게 보시는 거네요.

예슬 엄마   네, 100프로요. 예슬이에게 우리 가족에게 아무 일이, 아무 일이 없었다면 저는 저희 가족하고 저만을 위해서, 아마 어쩌면 거기에 생명[안전]공원 들어온다 그럴 때 초지동 아파트 주민들처럼 플래카드 거는 거에 크게 의미를 안 뒀을 수도 있어요. 근데 지금은… 아니에요. 아주 많이 바뀌었어요. 하지만 제가 뭐 '앞에 나서서 저는 할 거예요' 이렇게는 하지, 남들 눈에 띄게 하고 싶은 마음은 없어요. 근데 내 마음은 항상 그 생각이 들고는 있어요. 그런데 아직도 원래 누군가를 위해서 하는 거는 내 시간을 버려가면서, 누구나가 시간은 아깝고, 경제적인 거는 항상 똑같고…. 근데 아직도 준비가 안 됐는지 그런 거를 선뜻 막 몸소 뛰어들지 못하는 거를 보면 아직도 '더 배워야겠다'는 생각은 해요, 더 많이 생각을 해야겠다. 근데 확실히 바뀌었어요.

면담자   중간에 조금 딴 얘기 같을 수도 있지만요. 시민운동 하는 사람들을 많이 보셨잖아요. 옛날에도 보신 적이 있으세요?

예슬 엄마   많이 못 봤죠. 볼, 볼 그런 자리[에] 가지를 않았죠.

면담자   그 사람들이 처음에는 어떻게 느껴지셨습니까?

예슬 엄마   그때 당시였으면 그냥 의미 없이 봤을 것 같아요. 어휴, 그러면서 그 강한 모습만 보고 '왜 저렇게 강하게 해? 어휴, 좀 너무한다' 이런 생각도 했었을 거고, 보면서 '어휴, 교통이 막히네. 어 짜증 나' 이런 생각도 했을 수 있었을 거고…. 그때는 의미를 크게 안 뒀어요 진짜, 나랑 상관없으니깐.

면담자   어머니가 말씀하신 것처럼 그렇게 지내왔기 때문에, 처음에 그들을 봤을 때는 뭔가 딴 목적이 있을 거다 하고 의심의 눈초리로 볼 수도 있을 거거든요.

예슬 엄마   그럴 수도 있죠. 저와 같은 사람들이면 당연히 그랬을 거예요.

면담자   시간이 많이 지나고, 실제로 도움을 너무 많이 받았고, 그들의 진정성이 느껴지니깐 이제 마음이 좀 풀리신 그런 분들이 많으셔서, 어머니한테는 어떻게 보이셨나를 한번 여쭤본 겁니다. 예슬 아빠는 그래 가지고 "나도 시민운동 한번 해보고 싶다" 이런 말씀도 하시더라고요(웃음). 그 생각이 나서 제가 여쭤본 거예요.

예슬 엄마   저는 만약에 예슬 아빠가 한다고 하면 "하고 싶으면 알아서 해" [할 것 같아요]. 하지만 저는 그 생각을 해요. 시민운동도 그렇고, 정당한 이제 정확한 내가 원하는 게 있고, 그것도 이제 과하지 않고 합리적, 적정, 도를 넘지 말아야 하는 선이 있는데 하다 보면 그렇게는 안 되잖아요. 근데 저는 예슬 아빠가 한다고 하면 "그래, 해" [그럴 것 같아요], 정확한 내가 그걸로, 그 시민운동을 해서 정말 어떤 거를 원하는 거고, 정말 정당성이 있는 걸 한다면. 근데 저는….

면담자　　　네일아트를 계속하실 거죠(웃음).

예슬 엄마　　아니에요(웃음). 어느 정도하고 나면 저는 저 하고 싶은 거 있어요. 그때 되면 정말 저 하고 싶은 거 있어요. 저는… (짧은 침묵) 제가 이 네일아트 접으면 꼭 영아들 보육원, 아이들 맡아서… 키워주, 이렇게 좀 보살펴주고 그런 거 꼭 할 거예요(웃음).

면담자　　　뜬금없이요?

예슬 엄마　　아뇨, 그거 항상 하고 싶었는데? 특히 그것도 있어요.… 그 아이, 제가 우리 예슬이 ○○이 어렸을 때 다 남의 손에 맡겨서, 그 아이 때 해주지 못한 게 많았잖아요. 근데 아이들 순수하고 맑잖아요. 어…, 근데 그때 우리 예슬이 그리고 나서는 그런 생각이 많이 드는 거예요. 저렇게 순수하고 이쁜 애기들이 험한 세상을 살아가게 될까 봐 겁나는 거 있잖아요. 그래서 좀 그런 생각을 많이 해본 것 같아요. '나중에 내가 네일아트 접으면 그게 아니더라도 내가 할 수 있는 선에서 뭔가 움직여야겠다'라는 생각을 좀 해요.

13
진상 규명이 되면 하고 싶은 일들

면담자　　　진상 규명이, 그러니깐 진상 규명이라는 단어보다는 예슬이가 왜 죽었는지, 예슬이의 죽음에 대해서 누구에게 어떤 책임을 물어야 될지에 대해서 어떻게 생각을 해보셨어요?

예슬 엄마   아직도 그 답을 못 찾고 있는 것 같은데요, 저는……
(한숨).

면담자   그래서 그걸 저희가 이제 추상적인 단어로는 진상 규
명이라고 부르고 있는 거겠죠. 진상 규명이 다 되었다고 한다면, 미
래에, 어머니는 느낌이 어떠실까? 그런 걸 한번 상상을 해보시도록
여쭙는 건데요.

예슬 엄마   (숨 들이쉼) 진상 규명이 다 됐다면? 더 억울하고 화날
것 같아요. 더 억울하고 화날 것 같아요. (면담자 : 왜?) 만약에 진상
규명이 다 됐어요. 근데 누군가의 책임에 의해서 누군가의 잘못에
의해서 그게 확실해졌어요. 그러면 더 화가 나지 않을까요? 누군가
에 의해서 우리 아이들이랑 생이별을 하게 되고 이 힘든 세월을 보
내게…, [이렇게] 살아갈 수밖에 없는 시간들을 준 게 더 화가 나고 억
울할 것 같은데요. 그러니깐 진상 규명이 되어도 그게 어떻게 될
지… 아우 아무튼…. 그러니깐 저는 이 얘기를 하면서도 분명히 그
런 생각이 머리에 있는 것 같아요. '어떤 정권 때문에 어떤 일 때문
에 우리 아이들이 돌아올 수 없었어'라는 게 베이스에 깔려 있는 것
같아요. 그러니깐 진상 규명이 되고 나면 더 억울하고 화가 날 것 같
다는 말을 이렇게 하는 거 보니깐.

면담자   진상 규명이 또 어머니 개인에게 갖는 의미도 있을 듯
한데, 있으시다면 무엇일까요?

예슬 엄마   그나마, 그나마 진상 규명이라는 게 그나마 아이와 마
지막을 같이해 주지 못한 그 시간에 대한, 아이한테 해줄 수 있는 변

명이 되지 않을까라는….

면담자   진상 규명이 되면, 나중에 됐다고 했을 때 어머니가 제일 하시고 싶은 것이 무엇입니까? 이게 제 마지막 질문이었는데 어느 정도 답변은 좀 하셨어요.

예슬 엄마   제일 하고 싶은 거는, 예슬이한테 가고 싶은 거죠. 예슬이가 있는 거기에 진짜, 진짜 슬리퍼 신고… (잠시 침묵) 가서 얘기를 해주고 싶죠. "그 시간 동안 너도 나도 너무 힘들었다. 이제 그냥 그리워만 하면서 살자" (웃으며) 말해주고 싶죠. 만일 진상 규명이 어떤 식으로 됐든 간에.

면담자   어머니가 현세에서 하고 싶으신 영아들을 돌보는 일을 낮에 하시고, 저녁에는 슬리퍼 찍찍 끌고 가서 예슬이 만나고….

예슬 엄마   아니 이제 진상 규명이 된 날, 된 날 그렇게 가고 싶은 거고요.

면담자   생명안전공원이 다 돼서 예슬이는 거기 있을 거고.

예슬 엄마   그럼요, 있겠죠. 이거 제가 뭔가를 힘없는 아이들에게 뭔가를 내가, 그게 뭐가 됐든 간에 하는 건 진상 규명과 상관없이 제가 꼭 해보고 싶은 일 중에 하나…. 그런데 지금은 ○○이도 아직은 학생이고 책임져야 될 부분이 있으니깐…. 근데 이제 그 시점은 아마 네일아트라는 예슬이가 좋아하고 제가 좋아했던 직업을 이제 접는 날, 아마 손톱을 다 자르고 깨끗하게 하고 그렇게 가겠죠. 그거는 진상 규명과 상관없어요. 근데 그런 거는, 그… 아마 예슬이가 있었으면 네일아트 접으면 맨날 운동하고 다니고 놀러 다니고 그랬겠죠? 근데 좀 많이 틀려진 거죠. 그건 진상 규명이랑 상관없어요. 근데 진상 규명이 되는 날(은) 그렇게 가고 싶어요, 예슬이한테(웃음).

면담자　질문은 다 드렸네요. 끝으로 한마디 남기신다면요?

예슬 엄마　음… 누구한테요?

면담자　어머니 좋으실 대로요. (예슬 엄마 : 아…(웃음)) ○○이한테도 좋고, 세상 사람들한테도 좋고, 예슬 아빠한테도 좋고, 예슬이한테도 좋고 누구한테든 남기고 싶으신 말씀이 있으시면 마지막으로 부탁드립니다.

예슬 엄마　그냥 세상 사람들한테, 아… '사고는 언제 어느 순간 나한테 찾아올지 모르니깐 조금만 옆을 보면서 살아가는, 그런 삶도… 잃고 나서 찾지 않고 잃기 전에 그렇게 보는 것도 나쁘지 않다'라고 얘기를 그냥 해보고 싶어요. "언제나 나만 피해가는 영화 같은 삶은 없다"라는 거, "기적 같은 삶은 크게 없다"라는 거. 그냥 그 정도? 그 정도예요.

면담자　이틀간 저희가 구술을 했는데요, 총시간이 상당히 길어서 너무 고생스러우셨을 겁니다. 인내해 주시고, 마음을 다해 답해주셔서 너무나 감사드립니다.

예슬 엄마　어휴, 저야 저희 아이 얘기하는데, 또 들으시면서 또 힘드셨죠. 제가 감사합니다. 수고 많으셨습니다.

면담자　그럼 마치도록 하겠습니다.

4·16구술증언록 단원고 2학년 3반 제14권

그날을 말하다 예슬 엄마 노현희

ⓒ 4·16기억저장소, 2020

기획 편집 4·16기억저장소 ┆ **지원 협조** (사)4·16세월호참사가족협의회
펴낸이 김종수 ┆ **펴낸곳** 한울엠플러스(주)
초판 1쇄 인쇄 2020년 4월 1일 ┆ **초판 1쇄 발행** 2020년 4월 16일
주소 10881 경기도 파주시 광인사길 153 한울시소빌딩 3층
전화 031-955-0655 ┆ **팩스** 031-955-0656 ┆ **홈페이지** www.hanulmplus.kr
등록번호 제406-2015-000143호

Printed in Korea.
ISBN 978-89-460-6753-0 04300
       978-89-460-6801-8 (세트)
* 책값은 겉표지에 표시되어 있습니다.